2024년 3월 23일 시행

국가공무원 9급 공개경쟁채용 필기시험

❙일반행정❙

응시번호

성명

문제책형

[시 험 과 목]

제1과목 국어
국가공무원 9급 공개경쟁채용 필기시험 대비 파이널 모의고사 제1회 ~ 제5회

⚠️ 응시자 주의사항

1. **시험 시작 전 시험 문제를 열람하는 행위나 시험 종료 후 답안을 작성하는 행위를 한 사람**은 「공무원임용시험령」 제51조에 의거 **부정행위자**로 처리됩니다.

2. **답안지 책형 표기는 시험 시작 전** 감독관의 지시에 따라 **문제책 앞면에 인쇄된 문제책형을 확인**한 후, 답안지 책형란에 해당 책형(1개)을 '●'로 **표기**하여야 합니다.

3. 답안은 문제책 표지의 과목 순서에 따라 답안지에 인쇄된 순서(제1·2·3·4·5과목)에 맞추어 **표기**해야 하며, 과목 순서를 바꾸어 표기한 경우에도 **문제책 표지의 과목 순서대로 채점**되므로 유의하시기 바랍니다.

4. 시험이 시작되면 문제를 주의 깊게 읽은 후, **문항의 취지에 가장 적합한 하나의 정답만을 고르며**, 문제 내용에 관한 질문은 할 수 없습니다.

5. **답안을 잘못 표기하였을 경우에는 답안지를 교체하여 작성하거나 수정할 수 있으며**, 표기한 답안을 수정할 때는 **응시자 본인이 가져온 수정 테이프만을 사용**하여 해당 부분을 완전히 지우고 부착된 수정 테이프가 떨어지지 않도록 손으로 눌러 주어야 합니다. (**수정액 또는 수정 스티커 등은 사용 불가**)
   - 불량한 수정 테이프의 사용과 불완전한 수정 처리로 발생하는 **모든 문제는 응시자 본인에게 책임이 있습니다.**

6. **시험 시간 관리의 책임은 응시자 본인에게 있습니다.**
   ※ 문제책은 시험 종료 후 가지고 갈 수 있습니다.

※ 본 안내문은 과년도 실제 시험지를 참조한 예시로서, 금년도 실제 안내문과 다를 수 있습니다.

선재국어연구소

제1회 파이널 모의고사

1. 다음 글의 내용과 부합하는 것은?

> 지방은 몸에서 분해될 때, 콜레스테롤 및 단백질과 결합하여 지방 단백질이라는 새로운 분자를 형성한다. 지방 단백질은 혈액을 통해서 몸속에 돌아다니며, 크게 고밀도와 저밀도의 두 종류로 나뉜다. 저밀도 지방 단백질은 흔히 '나쁜 콜레스테롤'이라고 부르는 것이다. 혈관 벽에 달라붙어서 판[plaque]을 형성하는 경향이 있기 때문이다. 몸에 있는 콜레스테롤은 대부분 세포 안에서 유용한 일을 한다. 단지 일부, 약 7퍼센트만이 혈액에 떠다니는데, 그중에서 3분의 1은 '좋은' 콜레스테롤이고, 3분의 2는 '나쁜' 콜레스테롤이다. 따라서 콜레스테롤 관리는 그것을 제거하는 것이 아니라, 건강한 수준으로 유지하는 것이다. 한 가지 방법은 섬유질을 많이 먹는 것이다. 섬유질은 열량도 전혀 없고 비타민도 전혀 들어 있지 않지만, 콜레스테롤 농도를 낮추고, 당이 혈액으로 들어와 간에서 지방으로 전환되는 속도를 늦추는 등 많은 혜택을 준다. 탄수화물과 지방은 몸의 주된 연료 창고이지만, 몸은 그 연료를 서로 다른 방식으로 저장하고 사용한다. 몸은 연료가 필요할 때, 먼저 이용할 수 있는 탄수화물을 태우고 남은 지방은 저장하는 경향이 있다.

① 콜레스테롤의 대부분은 혈액 속을 떠다니면서 우리 몸에 유용한 일을 한다.
② 섬유질은 혈관 속 콜레스테롤과 간에 쌓인 지방을 제거해 주는 일을 한다.
③ 우리 몸은 탄수화물과 지방을 흡수한 뒤, 그 둘을 유사한 방식으로 사용하고 저장한다.
④ 나쁜 콜레스테롤은 지방이 몸에서 분해될 때 만들어지며, 혈관 벽에 쌓이는 특성이 있다.

2. 다음은 보도 자료의 일부이다. ㉠~㉣을 수정한 것으로 가장 적절하지 않은 것은?

> 제목: ○○시, 전국 최초 녹색 성장 청사진 마련
>
> ○○시는 ○○시가 ㉠ <u>지양하는</u> '누구나 행복한 청정 ○○시'를 실현하고 녹색 성장 ㉡ <u>선도 도시로써의</u> 위상을 강화하기 위해 시민의 녹색 생활화를 5개 자치구와 관계 기관이 공동으로 추진하기로 했다.
> 이를 위해 ○○시는 1,000만 그루 나무 심기, 도시 생태 공원 조성 등을 시행하여 ㉢ <u>시민의 삶의 질 개선과 도시의 위상 강화 방향을 추진해 나갈</u> 계획이다. 또한 계획 수립 과정에서 관련 전문가 그룹인 ㉣ <u>녹색 성장 기획 연구단에 자문과 의견을 구하여</u> 녹색 성장 종합 추진 계획을 확정할 예정이다.

① ㉠: 지향하는
② ㉡: 선도 도시로서의
③ ㉢: 시민의 삶의 질을 개선하고 도시의 위상을 강화해 나갈
④ ㉣: 녹색 성장 기획 연구단에 자문을 구하여

3. ㉠~㉣에 들어갈 단어로 적절하지 않은 것은?

> • 그 소설은 작가가 자신의 인생을 ㉠ 하는 자전적 소설이다.
> • 예비 창업자들의 가장 큰 ㉡ 사항은 자금 조달이라고 한다.
> • 서비스직은 사회가 발달함에 따라 더욱 ㉢ 을 받을 것이다.
> • 일주일 넘게 계속된 폭설로 산간 지방의 주민들이 ㉣ 되었다.

① ㉠: 반추(反芻)
② ㉡: 애로(隘路)
③ ㉢: 각광(脚光)
④ ㉣: 유기(遺棄)

4. 다음 글에 대한 설명으로 알맞은 것은?

> "그 신세도 내 신세만이나 하구마."
> 하고 그는 또 이야기를 계속하였다. 그 여자는 자기보다 나이 두 살 위였는데, 한 이웃에 사는 탓으로 같이 놀기도 하고 싸우기도 하며 자라났다. 그가 열네 살 적부터 그들 부모들 사이에 혼인 말이 있었고 그도 어린 마음에 매우 탐탁하게 생각하였다. 그런데 그 처녀가 열일곱 살 된 겨울에 별안간 간 곳을 모르게 되었다. 알고 보니, 그 아비 되는 자가 이십 원을 받고 대구 유곽에 팔아먹은 것이었다. [중략] 가슴을 짜는 듯한 괴로운 한숨을 쉬더니만 그는 지난 슬픔을 새록새록이 자아내어 마음을 새기기에 지쳤음이더라.
> "이야기를 다 하면 무얼 하는기오."
> 하고 쓸쓸하게 입을 다문다. 나 또한 너무도 참혹한 사람 살이를 듣기에 쓴물이 났다.
> "자, 우리 술이나 마저 먹읍시다."
> 하고 우리는 주거니 받거니 한 되 병을 다 말리고 말았다. 그는 취흥에 겨워서 우리가 어릴 때 멋모르고 부르던 노래를 읊조렸다.
>
> 볏섬이나 나는 전토(田土)는 / 신작로(新作路)가 되고요─
> 말마디나 하는 친구는 / 감옥소로 가고요─
> 담뱃대나 떠는 노인은 / 공동묘지 가고요─
> 인물이나 좋은 계집은 / 유곽으로 가고요─
>
> ─ 현진건, 「고향」에서 ─

① 주로 요약적 제시를 통해 주인공의 성격을 제시하고 있다.
② 내부 이야기와 외부 이야기의 서술자를 달리하여 작품에 입체감을 부여하고 있다.
③ '노래'를 통해 일제 강점기 때 우리 민족과 국토가 겪었던 수난을 드러내고 있다.
④ 서술자인 작품의 주동 인물이 보조적 인물에 대한 자신의 내면을 서술하고 있다.

5. ㉠~㉣을 문맥에 맞게 고쳐 쓴 것으로 적절하지 않은 것은?

> 고대의 이자는 현대적 형태와 공통점이 놀라울 만큼 많다. 맥주 양조업자를 위한 곡물 대출에서 상인들을 위한 은 대출 등 그 종류 역시 다양하다. ㉠ <u>다양한 리스크가 있었지만 이자율은 단일했다.</u> 해외 무역업자들을 위한 하라누 대출에는 조난 위험에 대비한 보험료가 포함되어 있었다. 또 현재라면 컴퓨터나 계산기 있을 수 있을 정도로 매우 복잡한 이자 계산도 있었다. 강력한 금융업자들이 지배하는 신용 네트워크의 모습은 상당히 현대적이다. 주기적으로 발생한 부채 위기와 금융 규제를 회피하려는 끝없는 시도 역시 마찬가지다. ㉡ <u>월가*를 기원전 17세기 라르사*로 보냈다면 굉장히 낯설었을 것이다.</u>
> 이자는 필요와 탐욕이 결합하며 등장했다. 이자가 문명 초기부터 존재했던 이유는 ㉢ <u>자본이 풍부했기 때문이다.</u> 왕궁과 사원은 늦지 않게 세금과 부과금을 걷어 중요한 지출을 해야 했다. 그래서 그들은 오늘날 세무 당국처럼 연체에 이자를 청구했다. 이 공공 기관들은 대출 이자를 요구하는 방식으로 자원을 분배했다. 보리 대출은 굶주린 사람들과 보리 씨앗이 필요한 농부들이 대상이었다. 부의 불균등 분배로 인해 대부업자들은 이자를 청구했고, 이들은 다른 사람들이 원하고 그에 대한 대가로 기꺼이 이자를 낼 수 있는 ㉣ <u>자원을 통제하고 있었다.</u>
>
> *월가(Wall街): 미국 금융 시장을 이르는 말
> *라르사: 고대 수메르의 중요한 도시 중의 하나

① ㉠: 다양한 리스크를 반영하여 이자율 또한 다양했다
② ㉡: 월가를 기원전 17세기 라르사로 보내더라도 그리 낯설지는 않을 것이다
③ ㉢: 자본이 부족했기 때문이다
④ ㉣: 자원을 통제하지 못하고 있었다

6. <보기 1>을 바탕으로 할 때, <보기 2>의 ㉠~㉣에 대한 설명으로 적절한 것은?

<보기 1>
음운의 변동은 한 음운이 다른 음운으로 바뀌는 교체, 한 음운이 없어지는 탈락, 새로운 음운이 생기는 첨가, 두 음운이 하나의 음운으로 합쳐지는 축약으로 구분된다. 한 단어가 발음될 때 이 네 가지 변동 중 둘 이상의 변동이 나타나기도 하고, 하나의 음운이 두 번 이상의 음운 변동을 겪기도 한다.

<보기 2>
㉠ 많고[만ː코] ㉡ 색연필[생년필]
㉢ 앓는[알른] ㉣ 넓적하다[넙쩌카다]

① ㉠~㉣은 모두 음운의 교체가 일어난다.
② ㉠과 ㉣은 음운의 축약이 일어난다.
③ ㉡과 ㉢은 음운의 첨가가 일어난다.
④ ㉣은 음운 변동 전과 후의 음운의 개수가 같다.

7. 다음 글이 주장하는 내용과 뜻이 통하는 한자 성어는?

핵 폐기장 부지 선정 문제를 해결하기 위해서는 핵의 위험에 대해 전문가와 지역 주민이 전혀 다른 가치 체계를 가지고 있음을 인식해야 한다. 전문가들의 위험 계산에 주민들이 중요하다고 생각하는 가치가 충분히 반영되지 않았다는 것을 인식하고, 이 바탕 위에 쌍방 간에 신뢰를 서서히 재구축해야 한다. 이 문제의 해결은 확률적 논리만으로는 불가능하다. 서로 다른 가치 체계를 지닌 두 당사자 간의 이해와 검토를 바탕으로 꾸준하게 노력해야 할 문제인 것이다.

① 易地思之 ② 指鹿爲馬
③ 多岐亡羊 ④ 乾坤一擲

8. 다음 글을 통해 추론할 수 있는 바로 적절하지 않은 것은?

저기압은 크게 온대 저기압과 열대 저기압으로 분류되는데, 온대 저기압은 중위도 지방에서 찬 공기가 더운 공기를 밀어 상승시켜 발생하고, 열대 저기압은 저위도 지방에서 고온의 공기가 밀도가 작아 상승하여 발생한다. 특히 열대 저기압 중 중심 풍속이 17m/s를 넘으면 태풍이라고 한다. 태풍은 주변으로부터 뜨거운 수증기를 빨아들이며 성장하는데, 지구 온난화의 영향으로 뜨거운 바다가 늘어나 태풍의 위력도 커지게 되었다. 태풍은 주로 공기의 온도가 높고 수증기가 많은 적도 부근에서 발생한다. 단, 적도에서는 지구 자전 효과가 적어 소용돌이가 발생하기 어렵기 때문에 주로 위도 5~25도의 바다에서 발생한다.
대부분의 태풍은 북반구의 중위도 지방에 이르게 되면 남서풍인 편서풍을 따라 올라온다. 이때 태풍 진행 방향의 오른쪽은 태풍의 바람 방향과 편서풍의 바람 방향이 같아서 더욱 강한 바람이 불기 때문에 위험 반원이라고 한다. 반대로 태풍 진행 방향의 왼쪽은 편서풍의 바람 방향이 태풍의 바람 방향과 반대가 되어서 바람이 약하게 불기 때문에 가항 반원이라고 한다. 특히, 위험 반원에서는 강한 바람이 불고 폭우가 내려 가옥의 파손이나 침수가 나타나기도 한다. 하지만 우리가 경험하는 태풍이 미운 짓만 하는 것은 아니다. 1988년과 2001년은 태풍이 우리나라를 비켜 가 '태풍 없는 해'로 기록되었지만 적조가 유난히 극성을 부린 해이기도 했다. 또한 태풍은 강한 바람으로 피해를 주기도 하지만, 오염 물질을 멀리 날려 버리는 역할도 해 준다.

① 온대 저기압과 열대 저기압 모두 더운 공기가 상승해 있는 상태를 말한다.
② 태풍의 반원에서 바람의 세기는, 태풍의 진행 방향이 아닌 편서풍이 부는 방향에 좌우된다.
③ 태풍은 적조의 발생률과 공기의 오염도를 낮추는 순기능도 한다.
④ 지구 자전 효과가 적은 지역보다 큰 지역에서 소용돌이가 발생하기 쉽다.

9. 다음 시에 대한 설명으로 잘못된 것은?

새끼오리도 헌신짝도 소똥도 갓신창도 개니빠디도 너울쪽도 짚검불도 가랑잎도 머리카락도 헝겊 조각도 막대꼬치도 기왓장도 닭의 깃도 개 터럭도 타는 모닥불

재당도 초시도 문장(門長) 늙은이도 더부살이 아이도 새사위도 갓사둔도 나그네도 주인도 할아버지도 손자도 붓장사도 땜쟁이도 큰 개도 강아지도 모두 모닥불을 쪼인다.

모닥불은 어려서 우리 할아버지가 어미아비 없는 서러운 아이로 불쌍하도 몽둥발이가 된 슬픈 역사가 있다.

– 백석, 「모닥불」 –

① 소재의 상징성을 통해 주제를 드러내고 있다.
② 시적 화자의 과거 회상을 통해 시상이 전개되고 있다.
③ 다양한 대상들을 열거하여 주제 의식을 강조하고 있다.
④ 토속적인 어휘를 사용하여 시적 분위기를 형성하고 있다.

10. 다음 글에 대해 평가한 내용으로 가장 적절한 것은?

언어와 감각을 대립적인 관계로 보는 의견이 있다. 하지만 양자는 대립하는 것이 아니다. 언어를 섬세하게 사용할수록 오감도 예민해진다. 새로운 표현이 나오면 거기서부터 새로운 감각도 생긴다. 원래 문학 작품은 새로운 감각을 만들어 내기 위한 언어의 실험실이기도 하다. 아무도 느낀 적이 없거나 확실히 의식할 수 없었던 감각을 문학자가 언어로 표현해 줌으로써 독자는 이를 비로소 손에 잡히듯이 파악할 수 있게 된다. 그리고 그 감각이 의식화되어 반복되면서 정착된다. 언어에 의해 인간의 감각 기능을 구성하는 시각, 청각, 후각, 미각, 촉각의 오감이 활성화된다.

① 언어 발달이 지연된 아동에게 다양한 감각 자극을 제공하여 아동의 언어 발달을 촉진한 사례는 이 글의 주장을 강화할 것이다.
② '차가운 수묵(水墨)으로 젖어 있다.'라는 시구를 통해 독자가 겨울날 이른 아침의 모습을 생생하게 떠올릴 수 있었다는 것은 이 글의 주장을 약화할 것이다.
③ 한국어는 영어에 비해 음성 상징어가 풍부한 언어로, 한국인과 달리 미국인은 '동글동글, 보글보글' 등의 감각을 이해하지 못한다는 사실은 이 글의 주장을 강화할 것이다.
④ 언어의 내용은 이성과 감성을 모두 표현할 수 있는데, 이성의 언어와 감성의 언어는 나눌 수 있는 것이 아니라 절묘하게 결합된다는 견해는 이 글의 주장을 약화할 것이다.

11. (가) ~ (라)를 자연스럽게 배열한 것은?

(가) 이 때문에 '합의'의 기술이 무엇보다 중요하다. 갈등으로 인해 낭비되는 비용을 줄이고, 분열된 사회를 합의의 기술로 잘 봉합해야 우리 경제도 다시 살아날 수 있다.

(나) 합의의 문화, 갈등의 관리는 모든 이해 당사자들이 공평하게 자기 권리를 주장하는 것에서부터 시작되어야 한다.

(다) 갈등은 그 자체로 선도 악도 아니다. 갈등은 분열과 폭력의 도화선일 수도 있고, 발전과 통합의 씨앗일 수도 있다.

(라) 그렇다고 합의라는 결과만 강조하고 그 절차를 무시한다면 또 다른 억압을 동반할 수밖에 없다. 이제 과거에 우리가 머릿속에 갖고 있던 합의의 개념을 바꾸어야 한다.

① (나) – (가) – (다) – (라) ② (나) – (다) – (라) – (가)
③ (다) – (가) – (라) – (나) ④ (다) – (나) – (라) – (가)

제2회 파이널 모의고사

1. 다음 글과 일치하지 않는 내용은?

> 죄책감은 나 스스로 느끼는 불편한 감정으로, 자신의 기대치에 미치지 못하거나 자신의 신념에 반하는 행위를 한 경우 경험하는 무가치함이다. 그래서 자신의 잘못된 행동으로 인해 누군가 피해를 보면, 자신의 잘못을 인지하고 책임을 느끼며 스스로 자신의 행동을 뉘우치게 만드는 감정이다. 반면에 수치심은 자신의 잘못된 행동을 다른 사람들이 알게 됐을 때 느끼는 창피함이다. 열등한 위치에서 남들에게 발각될 때 느끼는 감정이며, 스스로 잘못을 느껴서 괴로운 것이 아니라 남이 자신을 바라보는 부정적인 시선 때문에 괴로운 것이다. 이러한 수치심은 대개 우울감, 불안감, 자괴감 등의 불편한 감정으로 이어지는데, 보통 사람들은 많은 경우 자신의 잘못으로 발생한 감정이니만큼 이를 수용하고 견디려고 노력한다. 그런데 나르시시스트는 불안정한 자존감으로 인해 그러한 불편한 감정을 제대로 소화하지 못하고, 폭발적인 분노감으로 변형하여 표출하는 경우가 대부분이다. 그래서 자신의 잘못을 지적하여 수치심을 자극하는 상대에게 엄청난 공격성을 드러내기도 한다.

① 대개는 수치심에 뒤따르는 불안감이나 자괴감을 공격성으로 표출하기보다는 받아들이려고 노력한다.
② 죄책감과 달리 수치심은 타인과의 관계에서 발생하며 반성의 과정을 거치지 못한다.
③ 나르시시스트가 수치심을 느꼈을 때 공격성을 드러내는 것은 자존감이 불안정하기 때문이다.
④ 죄책감을 느끼는 사람은 자신의 신념을 거스르는 행위를 한 스스로를 무가치하다고 느끼면서 그 행위를 뉘우친다.

2. 다음 글에 대한 이해로 적절하지 않은 것은?

> 교 씨는 용모가 공손하고 언사가 온화하여 사 씨가 속으로 좋은 사람이라 여겼다. 한때 경계의 말을 건넨 것은 바르지 못한 소리가 장부의 마음을 미혹하게 할까 걱정한 것일 따름이지 어찌 다른 뜻이 있겠는가? 교 씨가 분한 마음을 품고 헐뜯기 시작하여 끝내 큰 재앙의 근원이 되었으니, 부부와 처첩 간의 일을 어찌 조심하지 않겠는가. 한림이 비록 교 씨의 간악한 마음을 깨닫지 못했으나, 사 씨에 대해 의심하는 마음 또한 없었다. 이에 교 씨가 다시 헐뜯지는 않았다.
> 하루는 납매가 사 씨의 시비와 노닐다 와 교 씨에게 말했다.
> "춘방의 말을 들으니 부인에게 태기가 있다고 합니다." [중략]
> 장주의 유모가 교 씨에게로 가서 통곡하며 아뢨다.
> "한림께서 인아만 사랑하셔서 장주를 못 본 척하시더이다."
> 교 씨 크게 번뇌하여 혼잣말을 했다.
> "내가 용모와 자질이 사 씨에게 비할 바 못 되고, 처와 첩이란 차이마저 있어. 다만 나에게 아들이 있고, 저는 아들이 없어서 내가 상공의 공경을 받았지. 허나 이제 저가 인아를 낳았으니 장차 그 아이가 이 집 주인이 될 것이야. 이제 내 아이는 어디에 쓰겠는가? 사 씨 또한 비록 겉으로는 인의(仁義)를 베풀지만 화원에서 꾸짖으며 한 말은 분명 시기였어. 한림에게 한 번 참소하기는 했으나 그의 마음이 사 씨에게 두텁게 치우쳤으니, 나의 앞길을 어찌 걱정하지 않겠는가?"
> — 김만중, 「사씨남정기」에서 —

① 한림과 사 씨 모두 교 씨의 속마음을 파악하지 못하고 있다.
② 장주는 인아의 형이지만 후계의 지위에서 인아에게 밀려날 처지에 있다.
③ 인아에 대한 한림의 총애 때문에 교 씨는 처음으로 사 씨를 미워하기 시작한다.
④ 편집자적 논평을 통해 한림의 집안에 큰 분란이 일어날 것임을 암시하고 있다.

3. ㉠~㉤의 순서로 자연스러운 것은?

> ㉠ 스타트업의 창업자는 불확실성이 높고 경쟁이 치열한 경영 환경에 효과적으로 대응하기 위해 기업의 전략 수립과 추진에 관한 전략적 의사 결정과 혁신을 주도하는 전략적 리더 역할을 하고 있어 더욱 중요한 의미를 가진다.
> ㉡ 최고 경영자는 조직의 목적과 비전을 설정하고 조직의 변화를 주도하여 조직의 효과성을 높이는 역할을 한다.
> ㉢ 따라서 최고 경영자의 의사 결정과 리더십은 기업이 경영 환경에 적응하여 지속 가능한 성과를 창출하거나 시장에서 퇴출되는 상황을 초래할 수 있다.
> ㉣ 그러므로 최고 경영자의 역할은 불확실하고 경쟁이 치열할수록 더욱 중요성이 부각된다.
> ㉤ 이러한 관점에서 기술 기반의 소규모 창업을 특성으로 하는 스타트업의 경우에도 초기 생존 가능성을 높이기 위해서는 최고 경영자인 창업자의 의사 결정과 리더십이 무엇보다 중요한 요인이다.

① ㉠-㉢-㉡-㉤-㉣
② ㉠-㉤-㉣-㉡-㉢
③ ㉡-㉢-㉣-㉠-㉤
④ ㉡-㉣-㉢-㉤-㉠

4. 다음 글에 쓰인 글의 전개 방식이 나타난 것은?

> 커피 생두의 주요 성분은 일반적으로 수분 10~13%, 탄수화물 37~60%, 지방 9~18%, 단백질 11~13%, 무기질 3.0~4.5%, 카페인 0.9~2.4%와 클로로겐산 5.5~10%이다.

① 어떤 수사 방법이 임의 수사로 분류되면 법에 특별한 규정이 없어도 자유롭게 그 방법을 사용할 수 있지만, 강제 수사로 분류되면 반드시 법의 근거가 있을 때에만 그 방법을 사용할 수 있다.
② 자연계를 둘러보면 동물들이 만드는 건축물의 규모나 구조가 매우 다양함을 알 수 있다. 새의 경우 뻐꾸기처럼 남의 둥지에 알을 낳는 기생 새들과, 바닷가 벼랑에 그냥 알을 올려놓고 기르는 몇몇 새들을 제외하고는 모두 여러 모습의 둥지를 만든다.
③ 공룡의 발자국은 목이 긴 공룡인 용각류 발자국, 육식 공룡인 수각류 발자국, 그리고 초식 공룡인 조각류 발자국으로 구분한다.
④ 오스트레일리아는 6개의 주로 구성되어 있는데 웨스턴오스트레일리아주가 가장 크다. 그 다음 크기로는 퀸즐랜드, 사우스오스트레일리아, 뉴사우스웨일스, 빅토리아, 태즈메이니아섬 순이다.

5. 다음은 『표준국어대사전』의 일부이다. 이를 바탕으로 이해한 내용이 적절하지 않은 것은?

> • **틀리다¹** 틀리어[틀리어/틀리여](틀려[틀려]), 틀리니[틀리니]
> [Ⅰ] 동사
> 「1」【…을】셈이나 사실 따위가 그르게 되거나 어긋나다.
> 「2」 바라거나 하려는 일이 순조롭게 되지 못하다.
> [Ⅱ] 「형용사」 → 다르다¹
>
> • **틀리다²** 「동사」 틀리어[틀리어/틀리여](틀려[틀려]), 틀리니[틀리니]
> ① 「1」 방향이 꼬이게 돌려지다. '틀다'의 피동사
> 「2」 나사나 열쇠 따위가 돌려지다. '틀다'의 피동사
>
> • **다르다¹** 「형용사」 달라[달라], 다르니[다르니]
> 「1」【…과】비교가 되는 두 대상이 서로 같지 아니하다.

① 틀리다¹과 틀리다²는 서로 동음이의 관계이군.
② 틀리다¹과 틀리다², 다르다¹은 모두 불규칙 활용을 하는군.
③ 틀리다¹[Ⅰ]「2」와 틀리다²①「1」은 서술어의 자릿수가 같군.
④ '쌍둥이도 서로 성격이 틀리다.'는 '쌍둥이도 서로 성격이 다르다.'가 바른 표기이군.

6. ㉠~㉣을 고치기 위한 의견으로 적절하지 않은 것은?

> 　과학 이론의 발달이 일종의 진보라고 할 때 그것은 혁명인가, 아니면 진화인가? 새로운 과학 이론이 과거와 전혀 다른 세계관을 함축하더라도, 결코 과거와 단절되지는 않는다. 이러한 과학 이론 발달에 함축된 세계관의 변화를 이해하는 데에 도움이 되는 일화가 있다. 록, 재즈 및 현대 클래식 분야에서 20세기 천재 작곡가로 평가를 받는 프랭크 자파의 60년대 말 베를린 공연 실황에 얽힌 이야기이다. 공연 중에 팬들이 혁명을 부르짖었다. 그 당시 많은 이들이 새로운 사운드와 리듬을 개발해 내는 자파를 음악의 혁명가로 보았다. 팬들이 계속 외쳐 대자, 자파는 갑자기 연주를 멈추고 자신은 ㉠<u>혁명</u>을 시도한다고 반박했다. 팬들은 놀랐다. 왜냐하면 '전형으로부터 벗어남.'만이 진보를 이룩한다고 자파가 항상 주장했기 때문이다.
> 　자파는 음악에서 과거 여러 패러다임은 ㉡<u>사라지는 것</u>이고 새로운 매체 및 사운드 속에 융합되는 과정에서 탈바꿈한다고 여겼다. 이러한 신념을 실현하기 위해 그는 신시사이저와 피아노의 전자 합성체인 싱클라비어라는 매체와 컴퓨터를 통해 전통적인 클래식을 독창적인 음과 ㉢<u>분리했다</u>. 음악에서 지배적인 ㉣<u>패러다임이란 있을 수 없고</u>, 또한 전통은 결코 단절되어 역사 속에서 사라지지 않는다고 여긴 것이다.

① ㉠은 '진화를'로 고친다.
② ㉡은 '사라지는 것이 아니라'로 고친다.
③ ㉢은 '융합했다'로 고친다.
④ ㉣은 '패러다임은 있고'로 고친다.

7. ㉠~㉣의 한자 표기로 옳지 않은 것은?

> 　공자는 정치적 지도자가 가져야 할 덕목으로 도덕적 수양과 실천을 강조하였다. 이는 공자가 당시 지배 계층에게 도덕적 본성을 ㉠<u>요구</u>했다는 점에서 큰 의미가 있다. 인간의 도덕적 본성에 ㉡<u>근거</u>한 정치를 시행해야 한다는 유학적 정치 이념을 ㉢<u>제시</u>한 것이기 때문이다. 또한 공자는 소인도 군자가 될 수 있다고 강조하여 사회 ㉣<u>전반</u>에 걸쳐 정명을 통한 예의 실천을 구현하고자 하였다.

① ㉠: 要求
② ㉡: 根據
③ ㉢: 提視
④ ㉣: 全般

8. 다음 시에 대한 설명으로 알맞지 않은 것은?

> 눈은 살아 있다. / 떨어진 눈은 살아 있다.
> 마당 위에 떨어진 눈은 살아 있다.
>
> 기침을 하자. / 젊은 시인이여 기침을 하자.
> 눈 위에 대고 기침을 하자.
> 눈더러 보라고 마음 놓고 마음 놓고 / 기침을 하자.
>
> 눈은 살아 있다.
> 죽음을 잊어버린 영혼과 육체를 위하여
> 눈은 새벽이 지나도록 살아 있다.
>
> 기침을 하자. / 젊은 시인이여 기침을 하자.
> 눈을 바라보며
> 밤새도록 고인 가슴의 가래라도 / 마음껏 뱉자.
>
> 　　　　　　　　　　　　　　 － 김수영, 「눈」 －

① 특정 시구의 의미를 점층적으로 구체화하면서 강조하고 있다.
② 상징적, 대립적 의미를 지닌 시어를 중심으로 시상을 전개하고 있다.
③ 정적 이미지와 동적 이미지를 교차하여 시상을 전환하고 있다.
④ 특정 행위를 통해 부정적 현실을 거부하는 화자의 의지를 나타내고 있다.

9. 다음 글에 부합하지 않는 내용은?

> 　김치를 제대로 만들기 위해서는 발효 과정을 적절하게 조절하는 온도 관리가 필요하다. 잘 알려져 있다시피 온도가 너무 높아 발효 속도가 빨라지면 김치가 지나치게 익어 시어 버리게 된다. 반대로 '춥고 긴 겨울' 동안 너무 낮은 온도가 유지되면 미생물의 활동이 저하되어 김치가 제대로 익지 않는 데다가 배추가 얼어 버려 아삭한 식감이 사라진다. 최근 미생물학 분야에서 출간된 김치에 관한 한 비평 논문에 따르면, 김치가 잘 익기 위해서는 약 4℃에서 3주 동안 두거나, 실온에서 3~4일간 보관해야 한다. 이후 몇 개월 이상 장기간 보관하려면 이보다 낮은 온도이기는 하지만 배추가 얼지는 않게 주의하여 발효 속도를 낮춰야 한다. 잘 익은 김치를 겨우내 즐기기 위해서는 이처럼 까다로운 온도 관리가 필요하다. 전형적인 방법은 응달진 뒷마당에 땅을 파고 김칫독을 묻는 것이었다. 때로는 보온 효과를 위해 짚으로 장독을 싸 두기도 했다. 이는 김치의 발효 속도를 조절하여 적절히 익은 김치를 최대한 오랫동안 즐기기 위해 고안된 방법이었다.

① 김치를 보관하는 온도는 김치의 식감과 발효 속도를 좌우한다.
② 김치가 익은 후에 김치를 장기간 보관하려면 4℃ 미만에서 적정 온도를 유지해야 한다.
③ 김치를 알맞게 익히기 위해서는 실온에 3~4일 둔 뒤 4℃에서 3주간 보관해야 한다.
④ 김치를 응달진 땅속에 보관할 때는 짚을 이용하여 보관 온도를 조절할 수 있으며 이를 통해 발효 속도를 조절할 수 있다.

10. ㉠~㉢을 이해한 것으로 적절한 것은?

> ㉠ 우리는 모두 그가 정직함을 믿는다.
> ㉡ 내가 어제 책을 산 서점은 우리 집 옆에 있다.
> ㉢ 아이가 작은 침대에서 조용히 잔다.

① ㉠과 ㉡은 모두 안긴문장에 부사어가 있다.
② ㉠에는 명사절이 안겨 있고 ㉢에는 부사절이 안겨 있다.
③ ㉡과 ㉢은 모두 안긴문장에 목적어가 있다.
④ ㉡과 ㉢은 모두 안긴문장에 생략된 문장 성분이 있다.

11. 다음 글의 중심 내용으로 가장 적절한 것은?

> 　로크는 『시민 정부 2론』이라는 책에서 주권을 최고권이라고 표현하고, 그 핵심이 입법권이라고 보았다. 군주의 절대적 권한을 견제하기 위해 의회가 공동의 이익을 위한 법을 만드는 것이야말로 주권 행사의 가장 중요한 내용이라고 본 것이다. 이러한 그의 사상은 국가 권력을 입법부와 행정부(군주)로 분리하는 이원 분립론으로 나타났으며, 이는 영국에서 의회를 중심으로 하는 정부 형태, 즉 의원 내각제가 성립하는 데 큰 영향을 미쳤다.
> 　몽테스키외는 『법의 정신』이라는 책에서 국민의 자유와 평등을 보장하는 방법으로 견제와 균형에 입각한 삼권 분립을 주장하였다. 그에 따르면 국가에는 세 가지 권력, 즉 입법권과 집행권, 사법권이 있다. '동일한 인간 또는 동일한 집단의 수중에 입법권과 집행권이 결합하여 있을 때' 또는 '재판권이 입법권과 집행권으로부터 분리되어 있지 않을 때' 자유가 존재할 수 없다고 본 그는 엄격한 삼권 분립에 입각한 정부 형태가 필요하다고 보았다. 이러한 그의 사상은 미국에서 입법부와 행정부의 독립성과 상호 견제가 강조되는 정부 형태, 즉 대통령제가 성립하는 데 큰 영향을 미쳤다.

① 정부 형태의 종류와 변천 과정
② 정부의 형태에 영향을 미친 정치사상
③ 의원 내각제와 대통령제의 차이점
④ 로크와 몽테스키외가 주장한 법률들

제3회 파이널 모의고사

1. 다음 글을 서술하는 방식으로 가장 적절한 것은?

　21세기에는 인공 지능의 도입으로 인간의 지적 능력을 대체하는 변화가 나타나고 있다. 세계 경제 포럼의 「일자리의 미래 2023」 보고서에 따르면, 2027년까지 전 세계에서 8,300만 개의 일자리가 사라지고 6,900만 개의 일자리가 새로 생길 것으로 전망된다. 챗GPT의 등장으로 향후 5년 이내에 기존 일자리의 23%가 사라지게 되는 것이다. 제러미 리프킨이 예견한 '노동의 종말'이 현실로 다가오고 있다. 인간은 주 3일 정도 일하거나 일 없이 기본 소득만 받으며 평생을 살지도 모른다. 이제 인간은 도구를 사용하여 노동하던 인간인 '호모 파베르'에서 네덜란드의 철학자 요한 하위징아의 개념인 놀이하는 인간 '호모 루덴스'로 대전환하여 살게 될지 모른다. 1940년대 미국에서는 주 70시간 정도 일했다. 이제 유럽에서는 주 30시간 정도 일한다. 생산성을 높이는 것은 인간의 노동 시간이 아니라 기술 혁신이기 때문이다. 문화나 예술도 고부가 가치를 생산해 낸다. 이전엔 놀이라고 치부하던 연예인이나 스포츠 선수의 활동이 일반인들의 상상을 초월하는 수익을 올리고 있다.

① 자료를 통해 상황 예측의 근거를 제시하고 있다.
② 전문가의 말을 언급하여 주장의 신뢰도를 높이고 있다.
③ 변화할 미래 상황에 대해 비판적 인식을 드러내고 있다.
④ 통시적 관점에서 시대 상황을 대비하고 있다.

2. 다음 글의 내용과 부합하지 않는 것은?

　최근 들어 호우와 가뭄, 폭염 등과 같은 서로 상반된 극한 현상이 전 지구적으로 자주 발생할 것으로 전망되고 있다. 이는 우리 몸이 심한 감기에 걸리면 발열과 오한을 오가면서 안정을 찾아가는 것처럼, 온실가스 증가로 인하여 지구가 충격을 받게 되면 새로운 기후로 변하는 과정에서 극한 기후의 발생 횟수가 늘어나기 때문이다.
　가장 큰 피해를 일으키는 변화는 물 순환과 관련되어 있다. 전 지구의 평균 기온이 1℃ 상승하면 대기 중 수증기 함유량이 증가해 강수량이 약 1.5% 늘어나지만, 이 강수량의 증가는 시간과 공간에 따라 고르게 나타나지 않는다. 일반적으로 온난화에 의해 물 순환이 강화되면 현재 비가 많이 오는 지역에서는 더욱 많은 비가 내리게 될 것이고 이에 따라 호우의 가능성이 더욱 증가하게 된다.
　또한 습한 지역과 건조한 지역 간의 차이는 전체적으로 커질 것이며 극지방으로 올라갈수록 나타나는 고위도 육지의 강한 온난화가 대규모 대기 순환을 변경할 수 있고 이에 따라 강수 패턴이 광범위하게 이동할 수 있다. 전 지구적으로 많은 강수량을 동반한 몬순(계절풍)이 발생할 것이며, 그 지속 기간도 길어질 가능성이 높다. 호우는 더욱 강하고 자주 발생할 것이며 이는 물 자원 관리 및 홍수 조절에 중요한 영향을 미칠 수 있다. 강수량이 증가할 것으로 예상되는 고위도에서는 건조한 기간이 줄어드는 반면, 아열대와 낮은 중위도 사이에서는 건조한 기간이 길어질 가능성이 있다.

① 서로 극단적으로 대비되는 기후 현상이 지구상에 자주 발생하는 원인 중 하나는 지구 온난화이다.
② 평균 기온이 상승할수록 비가 평소에 많이 오는 지역의 호우 피해는 더 심해질 것으로 예상된다.
③ 저위도 지역이 고위도 지역보다 온난화의 영향을 덜 받기 때문에 기후 변화도 적을 것이다.
④ 호우의 강도와 빈도 때문에 물 자원 관리에 변화가 발생할 수 있다.

3. <보기 1>을 바탕으로 하여 <보기 2>의 ㉠~㉣을 설명한 것으로 적절한 것은?

<보기 1>
　국어의 높임법에는 선어말 어미 '-시-'나 특수 어휘를 사용해서 문장의 주체를 높이는 주체 높임법, 조사 '께'나 특수 어휘를 사용해서 문장의 객체를 높이는 객체 높임법, 종결 어미 등을 사용해서 청자를 높이거나 낮추는 상대 높임법이 있다.

<보기 2>
㉠ 훈민아, 부모님은 고향에 계시니?
㉡ 어머니께서 할아버지를 모시고 병원에 가셨어요.
㉢ 저는 그 책을 아버지께 선물로 드렸습니다.
㉣ 선배님, 제가 선생님을 뵙자고 청한 이유가 있습니다.

① ㉠: 선어말 어미 '-시-'를 사용하여 주체인 '부모님'을 높이고 있다.
② ㉡: 특수 어휘 '모시다'를 사용하여 주체인 '어머니'를 높이고 있다.
③ ㉢: 특수 어휘 '드리다'를 사용하여 객체인 '아버지'를 높이고 있다.
④ ㉣: 종결 어미 '-습니다'를 사용하여 객체인 '선생님'을 높이고 있다.

4. ㉠과 ㉡에 들어갈 말로 가장 적절한 것은?

　원인이 그 결과를 위해 필요조건이면서 충분조건인 경우, 원인의 예를 통해 결과를 연역적으로 추론할 수도 있고 그 반대로 결과에서 원인을 추론할 수도 있는 것이다. 어떤 경우에는 원인이 그 결과를 위한 ㉠ 도 있는데, 이런 경우에는 결과로부터 원인을 추론할 수는 있지만 그 역은 불가능하다. 대부분의 질병은 그러한 예에 해당된다. 예를 들어 폐결핵에 걸렸다면 폐결핵 균을 가지고 있다고 추론할 수 있지만, 폐결핵 균만 가지고 있다고 반드시 폐결핵 증상이 나타난다고 볼 수는 없다. 그러나 원인이 그 결과에 대한 ㉡ 도 있다. 많은 사람들이 흡연을 즐기면서도 폐암에 걸리지 않았고 폐암에 걸린 사람이라고 다 흡연 경험이 있는 것은 아니다. 그렇다고 해서 원인과 결과가 서로 무관한 것은 아니다. 만일 원인이 충분조건 아니면 필요충분조건이라는 용어로 정의되어야만 한다면 우리는 결코 폐암의 원인을 발견할 수 없을 것이다.

① ㉠: 필요조건이지만 충분조건은 아닌 경우
　㉡: 필요조건도, 충분조건도 아닌 경우
② ㉠: 충분조건이지만 필요조건은 아닌 경우
　㉡: 필요조건도, 충분조건도 아닌 경우
③ ㉠: 충분조건이지만 필요조건은 아닌 경우
　㉡: 필요조건이면서 충분조건인 경우
④ ㉠: 필요조건이지만 충분조건은 아닌 경우
　㉡: 필요조건이면서 충분조건인 경우

5. ㉠~㉣과 바꿔 쓸 수 있는 관용 표현으로 적절하지 않은 것은?

• 그는 또다시 도둑질을 하다가 ㉠ 발각돼서 경찰에 끌려갔다.
• 그는 ㉡ 높은 지위에 오르더니 권력을 마음대로 휘둘렀다.
• 이제 그 일을 끝내게 되어 ㉢ 마음이 홀가분하시겠습니다.
• 김 부장은 나에게 그 기업의 주가가 오를 것이라고 ㉣ 단서를 제공했다.

① ㉠: 덜미를 잡혀
② ㉡: 감투를 쓰더니
③ ㉢: 어깨가 가벼우시겠습니다
④ ㉣: 오금을 박았다

6. (가)와 (나)에 대한 설명으로 적절하지 않은 것은?

> (가) 저 궁벽(窮僻)한 시골 마을에 사는 자가 오래전에 서울에 왔다가, 처음으로 만들어서 아직 완전하지 못한 방법을 우연히 듣고는, 기쁘게 돌아가서 시험해 본 다음, 속으로 자신만만하여 말하기를 [중략] "서울에서 말하는 소위 기예라는 것을 내가 모두 배워 가지고 왔으니, 지금부터는 서울에서도 다시 더 배울 것이 없다." 한다. 이런 사람이 하는 짓이란 거칠고 나쁘지 않은 것이 없다.
> 우리나라에 있는 백공(百工)들의 기예는 모두 옛날 중국에서 배워 온 방식인데, 수백 년 이래 칼로 벤 것처럼 딱 잘라 다시는 중국에 가서 새로운 것을 배우려는 계획을 세우지 않았다. 중국에는 새로운 방식과 교묘한 제도가 나날이 증가하고 다달이 불어나서 수백 년 이전의 옛날 중국이 아니다. 그런데도 우리는 막연하게 서로 묻지도 않고 오직 옛날의 방식만을 편케 여기고 있으니 어찌 그리 게으르단 말인가.
> (나) 옛날에는 외국 오랑캐로서 중국에 자제를 보내어 입학시킨 자가 매우 많았다. 근세에도 유구(琉球) 사람들은 중국의 태학(太學)에 들어가서 10년 동안 전문적으로 새로운 문물과 기예를 배웠으며, 일본은 강소성(江蘇省)과 절강성(浙江省)을 왕래하면서 온갖 공장이들의 섬세하고 교묘한 기술을 배워 가기를 힘썼다. 이 때문에 유구와 일본은 바다의 한복판인 먼 지역에 위치해 있으면서도 그 기능이 중국과 대등하게 되었다. 그리하여 백성은 부유하고 군대는 강하여 이웃 나라가 감히 침범하지 못하게 되었으니, 나타나는 효과가 이처럼 뚜렷하다.
>
> - 정약용, 「기예론」에서 -

① (가)에서는 일화를 통해 현실 비판적 태도를 드러내고 있다.
② (나)에서는 (가)와 대조되는 사례를 들어 주장의 타당성을 강조하고 있다.
③ (가)와 (나)에서는 모두 역사적 사실을 근거로 들어 주장을 뒷받침하고 있다.
④ (가)와 (나)를 고려할 때, 중국과 대등한 국력을 길러야 한다는 주제를 이끌어 낼 수 있다.

7. ㉠~㉣에 들어갈 단어로 적절하지 않은 것은?

> • 무더위로 최대 전력 수요 ㉠ 이 계속되고 있다.
> • 그는 논문을 유명 학술지에 ㉡ 하였다.
> • 영화를 보는 동안 나는 무엇이 현실이고 무엇이 가상인지 ㉢ 이 되었다.
> • 이 안건은 아직 과장님의 ㉣ 가 나지 않았다.

① ㉠: 갱신(更新)
② ㉡: 게재(揭載)
③ ㉢: 혼동(混同)
④ ㉣: 결재(決裁)

8. ㉠~㉤의 전개 순서로 자연스러운 것은?

> ㉠ 지리상의 대발견은 한 번도 역사의 중심 역할을 하지 못했던 유라시아 대륙 서쪽의 변방인 서유럽을 전 세계로 진출하는 해양 세력의 중심지로 탈바꿈시켰다.
> ㉡ 이는 아시아로 가는 직항로 개척과 아메리카 대륙의 발견으로 이어졌다.
> ㉢ 유라시아 대륙 동쪽의 큰 반도인 유럽은 풍부한 해안선, 양질의 항구, 항해 가능한 내륙 수로, 다양한 지리적 구획이라는 지리적 특징을 가지고 있다.
> ㉣ 이러한 지리적 특징 덕분에 유럽은 일찌감치 지중해를 무대로 한 그리스 도시 국가 세력 등 해양 세력의 전통을 일구었다.
> ㉤ 또한 지리적 구획이 만들어 낸 다양한 민족과 세력의 경쟁과 각축은 유럽 국가들의 해양 진출을 촉진했다.

① ㉠-㉢-㉡-㉣-㉤
② ㉠-㉤-㉣-㉡-㉢
③ ㉢-㉠-㉣-㉤-㉡
④ ㉢-㉣-㉤-㉠-㉡

9. 다음 글에 대한 설명으로 옳지 않은 것은?

> [앞부분의 줄거리] 한국 전쟁 때 아버지, 여동생과 헤어진 덕수는 나머지 가족과 부산으로 피난 온다.
>
> S# 115. 덕수의 집. 작은방(밤)
> 덕수(NA): 아부지……. 내…… 약속 잘 지켰지요……. (아버지 사진을 바라보던 덕수의 눈이 충혈되기 시작한다.) 막순이도 찾았고요. 이만하면 내 잘 살았지요……. 근데…… 내 진짜 힘들었거든요…….
>
> 아버지의 사진을 보고 울먹이고 있는 백발의 노인 덕수. 화면 바뀌면, 예전에 인자했던 덕수 부가 반 무릎을 하고 앉아 있다. 헤어질 때 아버지가 그랬던 것처럼. 다시 화면 바뀌면 어느새, 어린 덕수가 울먹이면서 있다. 그런 아들을 꼭 껴안아 주는 덕수 부.
>
> 덕수 부: 덕수야…… 고생 많았다……. / 어린 덕수: 아부지…….
> 덕수 부: (목이 멘다.) 그래 안다……. 내 다 안다…….
> 어린 덕수: (아빠의 품에서 끼이꺼이 서럽게 서럽게 운다.)
> 덕수 부: 울지 마라, 덕수야. 고맙다. 진짜 고맙다. 이 아부지가 못 한 거 니가 너무 잘해 줘서 진짜 고맙다…….
> 어린 덕수: 아부지, 아부지…… 너무 보고 싶었어요…….
>
> 화면 바뀌면 다시 현재의 백발노인 덕수가 아버지의 사진 앞에서 꿇어앉아, 혼자서 울음소리를 속으로 끅끅 삼키며 오열하고 있다. 카메라 틸 다운*하면 6·25 흥남 철수 때, 아버지가 입혀 준 낡고 초라한 외투가 클로즈업된다. 카메라 그대로 서서히 창문 밖으로 빠지면 작은방에서 소리 없이 울고 있는 덕수의 모습과 함께, 거실에서는 행복한 한때를 보내고 있는 가족의 모습이 동시에 보인다.
>
> - 박수진 각본·윤제균 각색, 「국제 시장」에서 -
>
> * 틸 다운: 카메라를 위에서 아래로 움직이며 촬영하는 기법

① 대비되는 인물의 모습을 통해 주인공의 내면을 부각하고 있다.
② 카메라 기법을 활용하여 특정 장면에 집중하는 효과를 주고 있다.
③ 과거의 사건을 재현한 장면으로 고단했던 주인공의 지난 삶을 짐작하게 한다.
④ 극적인 장면을 설정하여 주인공이 지닌 한과 슬픔의 연원을 보여 주고 있다.

10. <조건>에 따라 쓴 글로 가장 적절한 것은?

> <조건>
> • 청소년의 전자 상거래 이용에 관한 전망을 바탕으로 청소년의 전자 상거래 피해를 예방하기 위한 노력에 동참할 것을 촉구하는 내용을 담을 것
> • 설의적 표현과 비유적 표현을 활용할 것

① 청소년부터 전자 상거래 피해 예방을 위해 노력해야 하지 않을까? 한쪽으로 기운 저울과 같은 불공정한 전자 상거래의 관행을 없애기 위해 청소년의 적극적인 노력과 관심이 필요하다.
② 청소년의 전자 상거래는 우후죽순(雨後竹筍)처럼 증가할 것이다. 그렇다면 청소년의 전자 상거래 피해 예방을 위해 실효성 있는 대책이 하루빨리 시행되어야 하지 않을까? 우리 모두가 함께 노력해야 할 것이다.
③ 청소년은 전자 상거래 피해에 대응하는 능력이 부족하다. 청소년 스스로 자신의 권리를 지킬 수 있는 대응 능력을 길러야 하지 않을까? 또한 우리 사회가 청소년의 안전 지킴이로서 그들을 적극적으로 보호하려는 노력을 해야 한다.
④ 전자 상점이 늘어나는 만큼 청소년의 전자 상거래도 늘어날 것이다. 이럴 때에 청소년에게 필요한 교육은 무엇일까? 청소년에게 안전한 상거래를 위한 실질적 교육을 제공하려는 일선 학교의 노력이 요구된다.

제4회 파이널 모의고사

1. <보기>를 바탕으로 다음 대화를 평가할 때 옳지 않은 것은?

<보기>
㉠ 양의 격률   ㉡ 관용의 격률   ㉢ 동의의 격률
㉣ 칭찬의 격률   ㉤ 질의 격률   ㉥ 관련성의 격률
㉦ 태도의 격률

(선배와 후배들이 중국 음식점에 온 상황)
선배: (메뉴판을 보여 주며) 다들 먹고 싶은 걸 말해 볼래?
정민: 전 짜장면 먹겠습니다. 짬뽕보다 짜장면이 더 맛있어 보입니다.
현수: 인테리어가 화려한 걸 보니 여기 좀 비싼 데 같은데요?
선배: 그런 걱정은 말아. 여기 탕수육이 너무 맛있어서 둘이 먹다 하나 기절한 맛이라던데 그것도 시킬까?
정민: 전 탕수육은 안 좋아하는데요. 닭고기가 먹고 싶습니다.
선배: 난 정민이 이런 솔직한 점이 참 좋아. (웃음) 그럼 라조기 어때? 현수도 괜찮니?
현수: 여기 반찬은 셀프네요. 제가 가져오겠습니다.

① ㉠과 ㉢을 모두 위반한 사람이 있다.
② ㉡과 ㉥을 모두 위반한 사람이 있다.
③ ㉣을 지켰지만 ㉤은 위반한 사람이 있다.
④ ㉦을 위반한 사람은 없다.

2. 다음 글에 대한 이해로 적절한 것은?

"세상에 사람이 나매 부귀를 취함은 진실로 한 가지 방법만이 있는 것이 아니라, 일을 앞두고 결단치 못하거나 일을 행하매 치밀하지 못하면 화를 취하는 바라. 바라건대 형은 나의 가슴속에 있는 말을 잠깐 들어 보라. 나는 경상도 안동 사람이니 성은 김이요, 이름은 형옥이라. 일찍 일가 중에 삼종 아우 있으니 이름은 선옥이요, 양친이 계시고 아름다운 처를 취하였는데 그 가세가 부유한지라. 불행히 수년 전에 공부하러 절에 가 있더니 이윽고 간 데가 없어, 숙부가 나로 하여금 선옥을 찾아오라 하셨는데, 위험을 피하지 아니하고 동국강산에 족적이 아니 간 데 없지만 선옥을 만나지 못한지라. 뜻하건대 선옥이 세상에 있으면 내 어찌 못 보리오? 분명 길가의 시체가 되었거나 물고기 배 속에서 장사를 지냈을 것이니, 만일 찾지 못하고 헛되이 돌아가면 숙부 숙모는 필연 자결하리라. 이를 장차 어찌하리오? 내 한 계교 있으니, 형은 모름지기 나의 지휘를 좇을소냐?"
홍룡이 대답하였다. / "무슨 말이뇨?"
형옥이 말하였다.
"아까 많은 사람 중에 형을 만나매 용모가 선옥과 조금도 다름이 없어 의심치 아니하고 붙들고 힐난하였거니와, 형의 모양이 진실로 털 하나도 다르지 않도다. 형이 또한 성이 김씨라, 나의 숙부에게 수양아들이 될지라도 그릇된 말은 아니리니, 내 이제 형을 선옥이라 하고 숙부를 뵈오면 반드시 의심치 아니할지라. 나의 수년 노고가 허사가 되지 아니하며 형은 또한 재상가의 자손이 되어 일후에 과거에 올라 삼정승과 육판서가 되는 것을 누가 막으며, 가세 부유하니 좋은 옷과 밥이 한이 없이 꽃 같은 젊은 낭자는 절로 형의 배필이라. 형의 의향이 어떠하뇨."
- 작가 미상, 「화산중봉기」에서 -

① 형옥은 숙부에게 자신의 잘못이 들통날까 봐 홍룡을 설득하려 한다.
② 형옥은 자기 욕심 때문에 선옥이 이미 죽었다는 사실을 숙부에게 알리지 않는다.
③ 형옥은 숙부를 속이는 계획에 홍룡을 동참시키려 감언이설로 꾀고 있다.
④ 형옥은 홍룡에게 자기 숙부의 수양아들이 되어 달라고 부탁한다.

3. ㉠~㉤을 가장 자연스럽게 배열한 것은?

온라인 저널리즘은 그 특성상 강압적인 규제를 하기 어렵다. 그러기에 정보 이용자의 자유로운 선택, 시장의 기제가 새로운 규제 방식으로 작용해야 한다.
㉠ 선택의 자유만 누리려 한다면 많은 사람들이 그런 것처럼 재미있는 뉴스만 찾게 될 것이다.
㉡ 그러다 보면 공공 문제에 관한 깊이 있는 분석을 제공해 주는 정보처럼 재미없고 딱딱한 뉴스는 대부분의 사람들이 외면할 것이다.
㉢ 그러나 이러한 뉴스는 민주주의의 전제 조건인 공론을 형성하는 바탕이 된다.
㉣ 그런 의미에서 우리는 선택의 자유를 강조하기보다는 선택으로부터의 자유를 고려해 볼 필요가 있다.
㉤ 그러므로 선택으로부터의 자유가 요청되는 것이다.
온라인 저널리스트에게는 공론의 형성을 위한 사회적 책임감이 부여되어 있음을 인식해야 할 때이다.

① ㉠-㉡-㉢-㉣-㉤
② ㉠-㉡-㉣-㉢-㉤
③ ㉣-㉠-㉡-㉢-㉤
④ ㉣-㉠-㉤-㉢-㉡

4. 다음 글을 통해 추론한 내용으로 옳은 것은?

고탐 단타스 미국 워싱턴대 교수 연구 팀은 164명의 실험 참가자를 대상으로 치매 초기 단계에 접어든 사람들을 찾아냈다. 일반적으로 치매는 뇌에서 비정상적으로 발생한 베타 아밀로이드 펩타이드의 이상 축적 및 타우 단백질의 엉킴으로 인해 발생하는 것으로 알려져 있다. 연구 팀은 뇌 스캔과 뇌척수액 분석을 통해 치매 초기 징후가 있는 49명의 환자를 구별했다. 이들의 뇌에선 치매를 유발하는 이상 증세가 발견됐지만 신경 퇴화나 인지 저하와 같은 실제 치매 증상을 보이지는 않았다. 연구 팀은 식별된 치매 초기 환자들과 다른 참가자들의 장내 미생물(마이크로바이옴)을 분석했다. 마이크로바이옴은 특정 환경에 존재하는 미생물들의 집합을 의미한다. 그 결과 연구 팀은 두 그룹이 동일한 식단으로 음식을 먹었지만 장내 마이크로바이옴은 현저히 다르다는 사실을 발견했다. 치매 환자의 장내 환경이 건강한 사람들의 장내 환경과 다르다는 사실은 이미 알려져 있다. 하지만 치매 증상이 본격적으로 나타나지 않은 초기 환자의 장내 미생물을 분석한 연구는 이번이 처음이다.

① 치매를 예방하기 위해서는 유산균을 많이 섭취해야 한다.
② 치매 초기 환자의 뇌 구조 변화가 장내 환경에 영향을 미친다.
③ 장내 미생물 분석으로 초기에 치매 여부를 확인할 수 있게 된다.
④ 치매 진단을 위해 뇌 스캔이나 뇌척수액 검사가 더 늘어날 것이다.

5. ㉠~㉣을 이해한 것으로 적절하지 않은 것은?

국어의 접두사는 파생어를 만드는 접사로, 어근이나 단어의 앞에 붙어 새로운 단어가 되게 하는 말이다. ㉠ 접두사가 명사의 어근에 붙어 새로운 단어를 만드는 경우도 있고, ㉡ 접두사가 동사나 형용사의 어근에 붙어 새로운 단어를 만드는 경우도 있다. 또한 ㉢ 접두사가 어근에 붙어 파생되는 과정에서 접두사의 형태가 변하는 경우도 있다. 일반적으로 접두사는 단어의 품사에 영향을 미치지 못하지만, ㉣ 접두사가 어근에 붙었을 때 품사가 바뀌는 경우도 있다.

① ㉠의 예로 '군침, 개살구'를 들 수 있겠군.
② ㉡의 예로 '짓밟다, 높푸르다'를 들 수 있겠군.
③ ㉡, ㉢의 예로 '새빨갛다 : 시뻘겋다'를 들 수 있겠군.
④ ㉣의 예로 접두사 '강-'이 동사인 '마르다'의 어근에 붙었을 때 형용사 '강마르다'로 품사가 바뀐 경우를 들 수 있겠군.

6. 다음 글에 나타난 글쓴이의 생각과 거리가 먼 것은?

　산업화가 진행됨에 따라 우리의 생활 속에는 '개인적 도구'가 증가하고 있다. 그런데 제한된 공간 속에서 개인적 도구가 넘쳐 남에 따라 자신의 도구와 타인과의 관계 등이 모순을 일으킨다. 소음 문제도 마찬가지이다. 개인의 차원에서는 편리와 효율을 제공하는 도구들이, 전체의 차원에서는 불편과 비효율을 빚어내는 것이다. 그래서 많은 사회에서 개인적 도구가 타인의 권리를 침해하는 것을 방지하기 위하여 공공장소의 소음을 규제하고 있다.
　하지만 소리는 본질적으로 단순한 물리적 존재가 아니라 문화적 가치를 담은 존재이다. 예컨대 기성세대의 추억 속에 담긴 다듬이 소리, 엿장수의 가위 소리, 귀뚜라미 울음소리는 개인의 삶을 의미 있게 저장하는 자료가 될 수 있다. 즉 시공간적 다양성을 담아내는 문화의 구성 요소인 것이다. 그러므로 소음을 규제하는 소극적인 조치를 넘어 소리를 통해 문화 공간을 창출하는 적극적인 전략이 필요하다. 도시 계획에서는 이것을 '사운드스케이프'라는 개념으로 접근한다.
　사운드스케이프란 사람들의 귀를 즐겁게 하는 소리를 통해 분위기를 조성하는 공간 연출 기법을 말한다. 예를 들어 도심에 작은 분수와 물길을 만들어 보행자가 자연스럽게 물소리를 들을 수 있는 거리를 만드는 것이다. 또한, 사운드스케이프는 소리를 통해서 지역 공동체의 특성과 문화적 정체성을 담은 공간을 연출하기도 한다.

① 소리의 문화적 가치로 새로운 공간을 창출할 수 있다.
② 개인적 도구의 소리가 타인에게 미치는 영향은 미미하기 때문에 사운드스케이프가 필요하다.
③ 사운드스케이프를 이용하는 사람들은 소리를 통한 즐거움이나 문화적 다양성을 느낄 수 있다.
④ 공공장소의 소음 문제를 해결하기 위해서는 공적인 규제와 새로운 공간 창출이 모두 필요하다.

7. ㉠, ㉡에 들어갈 단어로 가장 적절한 것은?

　혹독한 절망 속에서 무엇을 붙잡고 앞으로 나아갈 수 있을까? 희망을 가지라고 흔히 이야기한다. 그러나 그 희망이 이루어지지 못할 때도 많다. 그러면 더욱더 깊은 절망의 늪으로 빠져들 수 있다. 그렇다면 어떻게 해야 할까. 희망에 대한 새로운 관점이 필요하다. '스톡데일 패러독스'라는 것도 그 가운데 하나다. 제임스 스톡데일은 베트남 전쟁에 참전한 최고위 장교였는데, 적군의 포로로 잡혀 무려 8년 동안 감옥에서 지내면서 20여 차례의 고문까지 받았다. 장교였던 만큼 중요한 군사 기밀을 캐내기 위해 훨씬 가혹한 고문이 가해졌을 것이다. 그 모진 과정을 뚫고 그는 결국 귀환했다.
　사람들이 그 생존 비법을 질문했을 때, 그는 결국 자신이 살아 돌아갈 것이라는 신념을 한 번도 버린 적이 없다고 말했다. 여기서 중요한 것은 그가 일반적인 의미에서의 ㉠ 를 따르는 사람은 아니었다는 점이다. 예를 들어 '이번 크리스마스 때는 꼭 석방될 거야. 크리스마스가 아니면 부활절⋯⋯.'이라는 식의 희망을 갖는 사람은 그 꿈이 현실로 나타나지 않았을 때 쉽게 좌절하고 결국 목숨을 잃었다고 한다. '잘 될 거야.'라는 식의 안이하고 단기적인 희망은 당장 눈앞에 닥쳐 있는 현실을 외면하게 만들기 때문이다. 그는 현실을 있는 그대로 직시하면서도 궁극적으로는 승리할 것이라는 태도로 맞섰다고 한다. 그것을 스톡데일 패러독스라고 하는데, '㉠ 처럼 보이는 ㉡ '라고 할 수 있다.

	㉠	㉡		㉠	㉡
①	이상주의	낙관주의	②	낙천주의	비관주의
③	현실주의	낙천주의	④	낙관주의	현실주의

8. ㉠을 도출하기 위해 필요한 전제로 가장 적절한 것은?

　상대적인 가치 판단은 특정한 목표를 달성하려면 어떤 행위가 좋다는 것을 진술하는데, 이런 종류의 진술은 경험적 진술이고, 경험적 진술은 모두 관찰을 통해 객관적인 과학적 테스트가 가능하다. 반면 '살인은 악이다.'와 같은 절대적인 가치 판단을 표현하는 문장은 관찰에 의해 테스트할 수 있는 주장을 표현하지 않는다. 오히려 그런 문장은 행위의 도덕적 평가 기준 또는 행위의 규범을 표현한다. 따라서 ㉠ 절대적인 가치 판단은 과학적 테스트를 통한 입증의 대상이 될 수 없다.

① 상대적인 가치 판단과 달리 절대적인 가치 판단은 경험의 대상이 아니다.
② 도덕적 평가 기준이나 행위의 규범은 객관적인 과학적 테스트가 불가능하다.
③ 절대적인 가치 판단은 경험적 진술을 표현하면서도 행위의 기준이나 규범을 나타낸다.
④ 과학적 테스트가 가능하다면 절대적 가치 판단이 아니라 상대적인 가치 판단이다.

9. (가)와 (나)에 대한 설명으로 옳지 않은 것은?

　(가) 어와, 허〻(虛事)로다. 이 님이 어딘 간고. 결의 니러 안자 창(窓)을 열고 브라보니 어엿븐 그림재 날 조촐 ᄯᅩᆫ이로다. 출하리 싀여디여 낙월(落月)이나 되야이셔 님 겨신 창 안히 번드시 비최리라.
　　각시님 ᄃᆞᆯ이야쿠니와 구즌 비나 되쇼셔.
　　　　　　　　　　　　　　　　　　　　— 정철, 「속미인곡」에서 —

　(나) 동지(冬至)ㅅ들 기나긴 밤을 한 허리를 버혀 내여
　　춘풍(春風) 니불 아래 서리서리 너헛다가
　　어론 님 오신 날 밤이여든 구뷔구뷔 펴리라.
　　　　　　　　　　　　　　　　　　　　— 황진이 —

① (가)와 (나) 모두 계절감을 드러내는 시어를 활용하고 있다.
② (나)와 달리 (가)에는 두 명의 화자가 등장한다.
③ (가)와 달리 (나)는 추상적 관념을 사물처럼 표현하고 있다.
④ (가)와 (나)의 화자 모두 임과 재회하고자 하는 의지를 드러내고 있다.

10. 다음 글의 제목으로 가장 적절한 것은?

　인류는 물질의 물리적 성질을 이용하거나 물질의 결합 규칙을 변형하여 새로운 성질을 가진 물질인 신소재를 만들어 왔다. 구리를 주재료로 하여 주석, 아연 등을 섞은 합금을 유기라고 하는데, 우리 선조들은 독특한 합금 기술로 유기의 일종인 방짜를 만들어 사용했다. 유기에서 주석의 합금 비율이 10%를 넘으면 쉽게 깨지는데, 방짜는 합금 비율이 구리 78%, 주석 22%로 주석의 비율이 10% 이상이지만 독특한 제작 방식을 사용하여 쉽게 깨지지 않는다.
　선조들은 방짜 제품을 만들 때 구리와 주석의 합금을 불에 달구면서 망치나 메로 쳐서 모양을 잡아 가며 만들었다. 이와 같은 방식으로 만들어진 방짜 유기는 인체에 해로운 균을 죽이며, 농약이나 인체에 나쁜 가스 등 독성 물질에 반응한다. 그리고 보온과 보냉 효과가 좋아 음식의 맛을 살려 주는 기능이 있다. 서양의 종은 대부분 소리가 단조롭지만 방짜로 만든 우리나라의 종과 징, 꽹과리는 소리의 크기가 커졌다 작아졌다 하며 은은하게 울리면서 멀리까지 전달된다.

① 우리 선조들의 독특한 합금 기술
② 방짜로 만든 우리 타악기의 특징
③ 방짜 유기의 제작 방식과 장단점
④ 우리 선조들이 사용한 신소재, 방짜

제5회 파이널 모의고사

1. ㉠~㉣의 어색한 곳을 찾아 적절하게 수정한 것은?

> 전 세계 인구의 2/3가 최소 1개월 이상 물 부족을 겪고 있다고 예상되고 있어, 앞으로 안전하고 안정적인 물 공급 방안을 확보하는 것이 매우 중요하게 되었다. 예측하기 어려운 물 부족이 발생하게 되었을 때, 한국에서는 제한 급수와 운반 급수를 수행하고 있으나, 운반 급수의 경우, ㉠ 물 운반 비용이 크게 발생하기 때문에 상시적으로 활용하기 어려운 점이 있다.
> 물을 공급하는 데 있어 비용이 많이 소모되는 경우 선진국에서는 짧은 기간 동안 대응할 수 있겠지만, 개발 도상국에서는 실질적으로는 물 공급이 제한되는 일이 발생할 수 있다. 베트남 메콩 델타 지역의 경우, 농업 및 수산업이 주요 산업인 저소득 지역이다. 해당 지역에서 농업에 많은 물이 필요하지만, 건기와 우기가 명확하고 우기에 삼모작이 가능할 정도로 ㉡ 비가 많이 오며, 지하수 저장량도 컸기 때문에 많은 농산물 생산이 가능하였다. 하지만 최근 들어 중국에서부터 시작되어, 미얀마, 라오스, 태국, 캄보디아, 베트남으로 흐르는 메콩강의 상류 지역에 에너지 확보를 위한 댐이 들어서서 강물의 양이 줄어들고 있다. 또한 전 지구적 해수면 상승으로 인하여 ㉢ 해수가 지하수로 침투하게 되었다. 그에 따라 메콩 델타 지역의 강 하류 및 해안 지역에서는 메콩 델타 지역의 주요 수자원인 빗물과 지하수 중 ㉣ 빗물을 사용하기 어려워진 실정이다.

① ㉠: 물 운반 비용이 작게 발생하기 때문에
② ㉡: 비가 적게 오며 지하수 저장량도 적었기 때문에
③ ㉢: 지하수가 바다로 빠져나가게 되었다
④ ㉣: 지하수를 사용하기 어려워진 실정이다

---

2. ㉠에 대한 설명으로 가장 적절한 것은?

> 열 명의 이름은 소옥, 부용, 비경, 비취, 옥녀, 금련, 은섬, 자란, 보련, 운영이니, 운영이 바로 저였습니다. 대군은 모두 몹시 사랑하시어 항상 궁 안에 있게 하시고, 바깥사람과는 더불어 말도 못 하게 하셨습니다. 날마다 문사(文士)들과 술을 마시면서 시재(詩才)를 다투셨지만 저희는 가까이 하지 못하게 하셨으니, 바깥사람들이 혹 알까 두려워하신 것이지요.
> 대군은 자주 이렇게 명하셨습니다.
> "궁녀로서 한 번이라도 궁문을 나가는 일이 있으면 그 죄는 죽음에 해당할 것이다. 또 외인이 궁녀의 이름을 아는 이가 있으면 그 죄도 또한 죽음을 면하지 못할 것이다." [중략]
> 그 후로 대군은 자주 진사와 접촉하셨으나 저희들과 만나지는 못 하게 하신 까닭에 저는 매양 문틈으로 엿보다가, 하루는 고운 종이에 ㉠ 오언사운(五言四韻) 한 수를 썼습니다.
>
> 베옷 입고 가죽띠 두른 선비 / 옥 같은 얼굴은 신선 같구나
> 매양 주렴 사이로 바라보건만 / 어이하여 월하(月下)의 인연이 없는고
> 눈물이 물처럼 얼굴을 씻고 / 거문고를 타니 한이 줄에서 우네
> 끝없는 원통함 가슴에 품고 / 머리 들어 다만 하늘에 하소연하느니
> – 작가 미상, 「운영전」에서 –

① 대군에게 발각되지 않도록 진사를 향한 운영의 마음을 숨기고 있다.
② 고사를 인용하여 운영이 진사와 맺어질 수 없는 이유를 간접적으로 암시하고 있다.
③ 이루어질 수 없는 사랑으로 인해 비통한 운영의 마음을 사물에 투사하여 나타내고 있다.
④ 자신의 소망이 이루어질 수 없다는 운영의 단념이 구체적 행위를 통해 드러나고 있다.

---

3. 다음 글에 대한 설명으로 잘못된 것은?

> 배달부가 먼 길을 전보 한 장을 갖고 왔던 것이다.
> 필재의 집은 온통 뒤집혔다. 그러나 숙부님이 돌아가셨다고는 하지만 시체가 없고 보니 식구들은 그냥 불안한 얼굴로 쳐다볼 뿐이고 숙모님만이 자기 방에서 머리를 풀고 혼자 곡소리를 내고 울 뿐이었다. 어머니도 밤새 숙모님의 방으로만 가는 것 같았다.
> 필재는 혼자 누워 있자니 이 집이 까닭 없이 무섭기만 했다.
> 오백 년 묵었다는 싸리 기둥이 배를 내민 구렁이 등어리 같은 착각에 필재는 도무지 편안히 잠들 수가 없었다. [중략]
> 필재는 처음 자기 귀를 의심해 보았다. 그러나 그것은 어머니의 곡성임에 틀림없었다.
> 이상한 노릇이다. 숙모님의 울음소리라면 몰라도 어머니의 곡성이 들린다는 것은 아무리 생각해도 이상할 수밖에 없었다.
> 필재는 그대로 문을 박차고 나섰다. 어머니의 곡성은 쌍죽정으로부터 들려오는 것이었다. 그는 단숨에 쌍죽정으로 달음질쳐 갔다.
> 숙모님은 쌍죽정 마루 위에 누워 있고 어머니는 숙모님을 쓸어안은 채 대성통곡을 하고 있다.
> 소복을 입고 머리를 풀어 헤친 숙모님의 몸은 싸늘하게 식어 있었다.
> – 정한숙, 「고가」에서 –

① 외부 서술자가 전지적 관점에서 작중 인물에 대해 서술하고 있다.
② 인물의 심리와 행동을 통해 불길한 분위기를 나타내고 있다.
③ 대화에 의한 장면 제시 없이 설명적 진술로 일관하고 있다.
④ 병렬적 구성으로 여러 사건들을 독립적으로 제시하고 있다.

---

4. 다음 글을 통해 알 수 있는 사실로 적절하지 않은 것은?

> 왕건은 초기에 궁예의 휘하에 들어감으로써 황해도와 경기 북부 지역의 대표 세력으로 성장할 수 있는 기반을 만드는 데 성공하였다. 즉, 왕건은 당시 한반도의 정세 변화를 정확히 판단하고 기민하게 행동함으로써, 예성강 하구의 중간 세력에 지나지 않았던 자신의 세력 기반을 궁예의 휘하에서 성공적으로 확대한 것이다.
> 또한 왕건은 토착 세력이었으므로 궁예나 견훤에 비하면 중간 세력 정도에 머무를 수밖에 없는 한계를 가지고 있었으나, 이후 궁예 세력을 역이용하여 상당한 세력을 확보한 다음부터는 출신 기반의 약점이 오히려 커다란 강점으로 작용하였다. 즉, 지방 세력들의 눈에는 왕건이야말로 원래 그들과 같은 토착적 지역 기반을 가진 세력이자 친(親)신라 세력까지도 아우를 수 있는 정치 세력으로 비쳐졌을 것이다. 이러한 분위기에서 왕건은 적시에 포용 정책을 내세웠고, 이것은 당시 지방 세력가들을 규합할 수 있는 아주 적절한 대책으로 큰 영향력을 발휘했던 것으로 보인다.
> 마지막으로 왕건이 내세운 몇 가지 행동과 정책은 그가 자기 시대에 대한 정확한 역사의식을 가지고 있었음을 보여 준다. 왕건이 정변에 성공한 뒤 밝힌 대민 정책에는 궁예 시대에는 보기 어려운, 사회·경제적 접근을 한 내용이 많이 담겨 있다. 왕건은 궁예의 실패가 사회·경제적 실정과 민심의 이반에서 비롯되었다고 보고, 그 해결책으로 새로운 경제 정책을 제시하였다. 근검절약, 세금 감면 등 백성을 위한 경제적 안정책을 발표했을 뿐만 아니라, "백성들로부터 세금을 거둠에 있어, 일정한 도가 있어야 한다."라고 하고 새로운 조세 제도를 수립하였다.

① 왕건이 정치적 기반을 확장하는 데에는 그의 판단력과 행동력이 동시에 작용하였다.
② 왕건은 포용 정책과 경제 안정 정책 덕택에 정변에 성공할 수 있었다.
③ 왕건 자신이 토착 세력 출신이라는 점에서 그가 내세운 포용 정책은 호소력과 영향력이 컸다.
④ 왕건은 궁예와 달리 혼란한 시대의 지도자로서 해결해야 할 역사적 과제를 인식하고 있었다.

5. 다음 글을 전개하는 주된 방식이 나타난 것은?

> 산에서 등반 도중에 산사태가 날 수 있다는 정보는 모르는 것보다는 분명히 낫습니다. 하지만 모든 산이 당장 무너져 모두가 죽을 것처럼 이야기하는 것은 생존에 별 도움이 되지 않겠죠. 정확하게 어떤 이유로 어디서부터 산사태가 생기고 언제부터 발생할 수 있는지, 또 어떤 식으로 대피하는 것이 좋을지 이야기해 줄 수 있어야 합니다. 인공 지능의 발달로 인해 직업이 사라진다고 하면 그냥 받아들일 것이 아니라 어떤 이유로 왜 사라지는지를 정확하게 알아야 합니다. 이유를 알아야 현재를 예측하고 앞으로 나아갈 방향을 잡을 수 있을 테니까요.

① 백이와 숙제는 고죽국(孤竹國) 군주의 두 아들인데, 그들의 아버지는 아우인 숙제에게 뒤를 잇게 할 작정이었다. 그러나 아버지가 죽자 숙제는 왕위를 형 백이에게 양보하려고 했다. 그러자 백이는 '아버지 명령'이라면서 나라 밖으로 달아나 버렸고, 숙제 또한 왕위에 오르려 하지 않고 떠나 버렸다.
② 농구와 핸드볼은 모두 공을 사용하는 운동 경기로, 여러 명이 한 팀을 이루어 경기를 한다. 둘 다 전반과 후반으로 나누어 경기를 하며 공 외에 다른 도구는 사용하지 않고 중간 휴식 시간은 10분이다.
③ 최후통첩 게임은 기본적으로 두 명의 참여자가 돈을 분배하는 게임이다. 첫 번째 참여자가 돈을 어떤 비율로 나눌 것인지 제안하면, 두 번째 참여자는 이를 '수용'하거나 '퇴짜' 놓을 수 있다. 두 번째 참여자가 분배 제안을 '거절'하면 둘 다 돈을 받지 못한다. '수용'하면 첫 번째 참여자의 제안대로 돈이 분배된다.
④ 신경 전달 물질은 야구공과 같다. 투수는 시냅스 전 뉴런이고, 포수는 시냅스 후 뉴런이다. 투수와 포수 사이의 공간은 시냅스 틈새이다. 공이 투수와 포수 사이에서 던져지는 것처럼, 신경 전달 물질은 뉴런들 사이를 오간다.

6. 다음 글을 통해 알 수 있거나 추론할 수 있는 바가 아닌 것은?

> 북유럽 국가들은 대표적인 '라테 파파'의 나라이다. 경제 협력 개발 기구 조사 결과 2016년 전체 육아 휴직자 중 남성 비율은 스웨덴 45%, 노르웨이 40.8%, 덴마크 24.1%에 달했다. 북유럽 아빠들이 태어날 때부터 '라테 파파'인 건 아니다. 불과 20여 년 전만 해도 스웨덴에서 육아는 여성의 몫이었다. 이 같은 문화가 확산된 건 정부의 적극적인 '아버지 할당제' 덕분이었다.
> 스웨덴은 1974년 세계 최초로 '부모 육아 휴직 제도'를 도입했다. 당시 자녀 1명당 180일이던 육아 휴직 기간은 1988년 12개월, 1989년 15개월을 거쳐 현재 480일까지 길어졌다. 특히 16개월 중 13개월은 급여의 80%를 보전받을 수 있고 나머지 3개월은 정액 급여를 받는다. 아울러 정부는 부부가 육아 휴직을 동등하게 나눠 사용하면 '양성 평등 보너스'까지 제공한다. 노르웨이는 1993년 처음으로 '아버지 할당제'를 시작한 나라이다. 자녀가 태어난 뒤 아버지가 4주 동안 육아 휴직을 가지 않으면 어머니도 육아 휴직을 못 가는 방식이었다. 1993년 육아 휴직 개혁 전에는 고작 3%의 아버지만 육아 휴직을 냈지만 개혁 이후인 2014년 남성 참여율이 32%까지 증가했다. 특히 출산 후 49주까지 급여 100%를 지급받거나 59주 동안 80%를 받을 수 있다.
> 북유럽 국가들의 남성 육아 휴직 활성화 노력은 출산율 증가로 이어졌다. 1998년 1.5명이었던 스웨덴의 합계 출산율은 2015년 1.88명으로 늘었다. 노르웨이의 2015년 합계 출산율은 1.75명이었다.

① 남성의 육아 휴직 참여율은 기간보다 급여를 보전해 줄 경우 더 증가할 수 있다.
② 남성이 육아에 참여하는 비율과 출산율 증가 사이에는 유의미한 관계가 있다.
③ 20세기 후반부터 북유럽 국가들은 정부의 노력으로 육아의 양성 평등을 실현하고 있다.
④ 스웨덴에서는 엄마보다 아빠의 육아 휴직 기간이 더 긴 것보다 아빠와 엄마의 육아 휴직 기간이 같은 것이 금전적으로 더 유리하다.

7. 다음 대화의 말하기 방식에 대한 설명으로 적절하지 않은 것은?

> 진행자: 음악이나 영화에서 표절 논란이 있을 때마다, 어디까지를 표절로 봐야 하는지에 대한 의견 차이가 있잖습니까? 논문의 경우는 어떻습니까? 표절 여부를 가릴 수 있는 명확한 기준이 있나요?
> 교수: 타인이 쓴 논문의 핵심 아이디어를 도용했거나, 타 논문에서 가져온 표현인데도 출처를 명기하지 않았다면 일단 표절로 볼 수 있습니다. 그러나 표절이라고 하기 애매한 경우가 많아서 현재 학계에서 명확한 기준을 마련하기 위해 노력하고 있습니다.
> 진행자: 표절에 대한 판단이 애매한 경우를 줄이기 위해 명확한 기준을 마련하고 있다는 말씀이시군요. 그렇다면 논문 표절이 근절되지 않는 이유는 무엇이라고 보십니까?
> 교수: 표절에 관대한 사회적 풍토 때문이라고 생각합니다. 표절이 타인의 지적 재산권과 저작권을 침해하는 범법 행위임을 제대로 인식하지 못하고 있는 것입니다.
> 진행자: 많은 사람들이 표절이 범법 행위라고 생각하지 않고 표절을 한다는 거군요. 논문 표절을 뿌리 뽑으려면 어떻게 해야 할까요?
> 교수: 우선 연구자들의 연구 윤리 의식을 높이고 표절 예방을 위한 대학의 윤리 교육을 강화해야 합니다. 그리고 논문 표절 시비를 공정하게 가려내기 위한 정부 기구를 시급히 설치해야 합니다.

① 진행자는 상대의 발언을 요약해서 말하고 있다.
② 교수는 문제가 발생하는 원인을 공동체의 특성에서 찾고 있다.
③ 교수는 개인적 차원과 국가적 차원 모두에서 문제 해결책을 제시하고 있다.
④ 진행자는 타 분야에 적용되는 기준과의 공통점을 들어 화제에 대해 질문하고 있다.

8. ㉠의 사례로 적절하지 않은 것은?

> ㉠ 품사의 통용이란 단어가 둘 이상의 품사로 쓰이는 것을 말한다. 즉 단어의 형태가 같더라도 문법적 성질이 다를 수 있으며, 접사나 어미와 형태가 같은 경우도 있다. 따라서 품사는 형태만이 아니라, 문장에서의 기능과 의미를 잘 고려해서 판단해야 한다.

① • 우리 사무실은 <u>비교적</u> 교통이 편리하다.
  • 이 문제는 지난번과 비교하면 <u>비교적</u> 쉬운 문제이다.
② • 수박을 <u>다섯</u> 조각으로 갈라 나누어 먹었다.
  • 오늘은 우리 반에서만 <u>다섯</u>이나 지각을 했다.
③ • 그들은 날이 <u>밝기</u>도 전에 집을 나섰다.
  • 어느새 해가 솟아 <u>밝은</u> 빛을 비춘다.
④ • 가구가 <u>커서</u> 방에 들어가지 않는다.
  • 날씨가 건조하면 나무가 <u>크지</u> 못한다.

9. ㉠~㉢에 들어갈 말을 바르게 짝 지은 것은?

> 모두가 '예'라고 할 때 손을 들고 반대 의견을 내놓기 위해서는 상당한 용기가 필요하다. 특히 수직적 조직 체계가 뿌리 깊게 자리 잡았다면 상명하복과 만장일치에 대한 암묵적 압력 때문에 상사의 의견과 배치되는 의견을 말한다는 것은 결연한 각오가 있지 않으면 어려운 것이 사실이다. ㉠ 수직적인 조직 문화가 꼭 나쁜 것만은 아니다. 빠르게 의사 결정을 할 수 있고 실행력을 높일 수 있다는 장점도 분명히 있다. ㉡ 자칫 모든 사람들이 잘못된 길을 가고 있는 것조차 모르고 집단 사고에 빠질 수도 있다. 조직 문화를 경직시켜 구성원들의 자율과 창의를 억제할 우려도 있다. ㉢ 만장일치에 기뻐할 것이 아니라 놓친 것은 없는지, 잘못된 길을 선택한 것은 아닌지 되돌아볼 줄 아는 지혜가 필요하다.

	㉠	㉡	㉢		㉠	㉡	㉢
①	요컨대	그리고	그러나	②	물론	그러나	그리고
③	요컨대	그런데	그래서	④	물론	하지만	따라서

10. ㉠~㉤의 순서로 가장 자연스러운 것은?

> 오늘날 우리가 경험하듯 젠트리피케이션은 더 넓은 역사적 배경에서 바라보는 것이 유익하다.
> ㉠ 또한 도시의 지역들이 성장하고 변화할 때 그곳의 인구와 계층 구조도 바뀐다.
> ㉡ 긴 시간의 틀 속에서 바라보면 도시의 지역들이 어떻게 지속적으로 바뀌는지 더 명확하게 알 수 있다.
> ㉢ 이런 변화 과정은 비록 고통스럽지만 도시의 자연스러운 특징이며, 영속적인 발전의 과정이다.
> ㉣ 외부에서 볼 때는 그곳의 건물이 똑같아 보여도 시간이 흐르는 동안 그 안에서는 큰 변화가 일어나는 것이다.
> ㉤ 주거 지역에서 상업과 산업의 중심지로, 또다시 주거 지역으로, 그리고 부유한 지역에서 가난한 지역으로, 또다시 부유한 지역으로 바뀐다.

① ㉠-㉡-㉢-㉣-㉤
② ㉡-㉣-㉣-㉤-㉠
③ ㉡-㉤-㉣-㉠-㉢
④ ㉣-㉡-㉠-㉤-㉢

11. 다음 글의 중심 내용으로 가장 적절한 것은?

> 신경 조절 물질인 도파민은 학습, 동기, 충동, 탐험, 움직임, 선택, 위험 추구, 주의 집중 등 다양한 일에 관여한다. 도파민은 돈이나 음식 등, 생존에 필요한 보상이 예상될 때 분비된다. 보상을 잘 획득하려면 보상에 관련된 정보에 주의를 집중하고, 보상에 적극적으로 접근하며 보상에 관련된 내용을 학습하는 등의 활동이 필요하다. 도파민은 주의 집중, 움직임 학습에 관여하는 뇌 영역들에 분비되어 이 영역들의 활동이 보상을 획득하기에 유리한 패턴이 되도록 조정한다. 또한 쾌락 중추의 도파민 농도를 증가시켜 쾌락과 행복감을 준다. 그러나 도파민이 지나치면 쇼핑, 도박 범죄처럼 충동적인 행동과 연관된다. 바람직하다고 여겨지는 동기와 나쁘다고 여겨지는 뇌 속 충동의 원리가 유사해지는 것이다. 쉽게 말해 좋고 나쁨에 대한 구별 없이 충동적으로 행동한다. 한 번 중독된 뇌는 계속적으로 충동을 느끼기 위해 더 많은 도파민을 요구하게 된다.

① 도파민이 일으키는 심리
② 도파민의 기능과 부작용
③ 도파민 중독의 위험성
④ 도파민의 분비 과정과 역기능

12. 다음 설명을 참고할 때, 밑줄 친 말이 올바르게 쓰인 것은?

> 사동 표현은 문장의 주체가 자기 스스로 행하지 않고 남에게 그 행동이나 동작을 하게 함을 나타낸다. 주동사의 어간에 사동 접미사 '-이-, -히-, -리-, -기-' 등이 붙어 만들어진 사동사를 쓰거나 용언에 '-게 하다' 등을 붙여 사동문을 만들 수도 있다. 하지만 사동문을 쓸 때에 '-하다'를 쓸 수 있는 말에 무리하게 '-시키다'를 결합하면 사동문의 오류가 될 수 있으므로 유의해야 한다.
> 피동 표현은 문장의 주체가 남에 의해서 동작이나 행위를 당함을 나타낸다. 능동사의 어간에 피동 접미사 '-이-, -히-, -리-, -기-'가 붙어 만들어진 피동사를 쓰거나 용언에 '-어지다' 등을 붙여 피동문을 만들 수도 있다. 피동문을 쓸 때에는 지나친 피동 표현(이중 피동)이 되지 않도록 유의해야 한다.

① 눈으로 <u>덮인</u> 들판은 한없이 적막하였다.
② <u>믿겨지지</u> 않겠지만 이 이야기는 실화이다.
③ 친구가 <u>소개시켜</u> 준 일자리를 얼마간 지내보고는 그만두었다.
④ 학생들은 첫 시간에 강의실을 찾아 <u>헤매이고</u> 있었다.

13. 다음 글을 참고하여 추론한 내용으로 적절하지 않은 것은?

> 반의어는 그 뜻이 서로 정반대되는 관계에 있는 말을 뜻한다. 그중 '남자 - 여자'와 같이 반의 관계에 있는 개념적 영역을 상호 배타적인 두 구역으로 철저히 양분하는 단어 쌍을 상보 반의어라고 한다. 상보 반의어의 특성은 다음과 같다. 첫째, 한 단어의 긍정과 다른 쪽 단어의 부정은 같은 의미를 표현한다. 둘째, 반의 관계에 있는 단어 쌍을 동시에 긍정하거나 부정하게 되면 모순이 일어난다. 셋째, 정도를 표현하는 부사의 수식이 불가능하며, 비교 표현으로 쓰일 수 없다.

① '길다 - 짧다'의 경우, '머리카락이 길다.'는 '머리카락이 짧지 않다.'라는 것을 의미하고 '머리카락이 짧지 않다.'는 '머리카락이 길다.'라는 것을 의미하므로 상보 반의어의 예로 들 수 있겠군.
② '넓다 - 좁다'는 '집이 넓지도 않고 좁지도 않다.'라는 표현이 가능하므로 상보 반의어의 예가 될 수 없겠군.
③ '살다 - 죽다'는 '살지도 않고 죽지도 않는다.'라는 표현은 모순적이므로 상보 반의어의 예로 들 수 있겠군.
④ '빠르다 - 느리다'는 '걸음이 매우 {빠르다/느리다}.'라는 표현이 가능하므로 상보 반의어의 예가 될 수 없겠군.

14. ㉠~㉣을 풀이한 것으로 적절하지 않은 것은?

> 불과 1년 전만 해도 문화 예술계는 명령어만 입력하면 그럴싸한 시와 소설, 그림, 음악을 뚝딱 완성하는 생성형 AI의 전지전능함에 감탄했다. 그러나 세계적인 언어학자 노엄 촘스키 교수는 이것을 '거대한 표절 시스템'이라고 ㉠<u>폄하했고</u>, 그의 비판은 곧 현실이 됐다.
> 한국만화가협회와 한국웹툰작가협회는 현재 국회에 ㉡<u>계류</u> 중인 저작권법 개정안에서 AI의 자유로운 학습권을 보장하는 '텍스트와 데이터 마이닝' 면책 규정에 반대하는 공동 입장문을 냈다. 콘텐츠 창작자들은 쉽게 AI에 ㉢<u>'면죄부'</u>를 주지 않을 태세이다. 뉴스 콘텐츠를 생산하는 언론계도 이를 ㉣<u>좌시하지</u> 않기로 했다.

① ㉠: 가치를 깎아내렸고
② ㉡: 어떤 사건이 해결되지 않고 걸려 있는
③ ㉢: 책임이나 죄를 없애 주는 조치나 일
④ ㉣: 그대로 좇아서 시행하지

15. ㉠과 ㉡의 의미와 유사한 것을 <보기>에서 바르게 찾은 것은?

> 지금 내가 비록 귀양살이를 하고 있지만, 자고 먹고 하는 것이 ㉠<u>임금님의 은혜</u>가 아님이 없습니다. 낮잠을 자고 일어나 밥을 한술 뜨고 나서 심휴문(沈休文)이나 사마군실(史馬君實)의' 시를 읊을 때마다 ㉡<u>해를 향하는 마음</u>을 스스로 그칠 수가 없었으니, 해바라기로 나의 정자의 이름을 지은 것이 어찌 아무런 근거도 없다 하겠습니까?
> — 조위, 「규정기」에서 —

<보기>

> 풍파(風波)의 헌 비 투고 홈의 노던 져 뉴덜아 강천(江天) 지는 히의 주즙(舟楫)이나 무양(無恙)흔가 밀거니 혀거니 염여퇴(灩澦堆)를 겨요 디나 만리붕정(萬里鵬程)을 멀리곰 견주더니 브람의 다브치여 흑룡강(黑龍江)의 써러진 듯 천지(天地) 구이 업고 어안(魚雁)이 무정(無情)ᄒ니 옥(玉) 구툰 면목(面目)을 그리다가 말년지고 매화(梅花)나 보내고져 역로(驛路)를 부라보니 옥량명월(玉樑明月)을 녜 보던 눗비친 듯 양춘(陽春)을 언제 볼고 눈비를 혼자 마자 벽해(碧海) 너븐 フ의 넉시조차 흣터지니 내의 긴 소매를 눌 위ᄒ여 적시는고
> — 조위, 「만분가」에서 —

	㉠	㉡		㉠	㉡
①	풍파	눈비	②	양춘	매화
③	매화	옥량명월	④	옥량명월	만리붕정

16. ㉠~㉢ 중 어문 규범에 맞게 표기한 것으로만 이루어진 문장은?

㉠ 그는 자기의 실수가 겸연쩍은지 씩 멋쩍은 웃음을 보였다.
㉡ 어머니께서는 해진 양말 뒷굼치를 꿰매고 계신다.
㉢ 이번 안건은 두리뭉실하게 넘어가지 말고 어떻든 결론을 내리자.
㉣ 어떡해 옆 학교보다 합격율이 낮을 수가 있습니까?
㉤ 지난 며칠 동안 내렸던 장맛비로 강물이 엄청나게 불어났다.

① ㉠, ㉡, ㉣
② ㉠, ㉢, ㉤
③ ㉡, ㉢, ㉣
④ ㉡, ㉣, ㉤

[17 ~ 18] 다음 글을 읽고 물음에 답하시오.

애도를 이야기하면 먼저 프로이트를 살피는 것이 좋다. 그는 논문 「애도와 멜랑콜리」에서, 사랑하는 사람을 떠나보낸 이는 애도 작업을 거친다고 말했다. 사랑하는 이에게 쏟아지던 마음이 그 대상의 부재로 갈 곳을 찾지 못하는 상황에서, 이 마음을 정리하는 일을 애도 작업이라고 부른 것이다. 애도 작업에 성공하면 그는 다시 원래 상태로 돌아가 슬픔을 감당할 수 있게 된다. 그러나 애도 작업에 실패하면 그는 멜랑콜리의 상태, 자기 분열적 우울에 빠진다. 제대로 애도하지 못한 자는 자기 비난과 우울증에 빠진다. 따라서 프로이트의 애도 작업은 성공적으로 마쳐야 하는 개인의 과업이다.

데리다는 프로이트의 애도 작업을 비판하면서 애도가 어떻게 작업이 될 수 있는지 묻는다. 프로이트의 방식을 따라 사랑하는 사람을 향한 마음이 정리되어야 하는 것이라면, 그렇게 그를 내면화해야 하는 것이라면, 그것은 사랑하는 사람을 나로 만든 것임을 의미한다. 그런데 그런 애도 작업의 끝에 무엇이 남는가. 더는 나와 다른 사람으로서 사랑했던 그는 남아 있지 않다. 남는 것은 동일시를 통해 내 추억의 전당에 고이 모셔진 그다. 이런 애도 작업은 나를 위한 것이며, 그 과정에서 상대방을 향했던 마음은 잘 정리되어 사라져야 한다. 그러나 여기에는 역설이 있다. 애도는 사랑하는 이를 향한 것, 그를 제대로 슬퍼하기 위한 것, 그를 기억하기 위한 것이 아닌가. 따라서 데리다는 말한다. ㉠ . 애도 작업의 성공이 사랑하는 사람을 나로부터 지워 버리기 때문이다.

그렇다면 애도하지 말아야 하는가. 아니다. 애도는 불가결한 것이며 데리다 자신 또한 자신이 생각하는 애도를 행한다. 그에게 애도는 이미 떠난 그와의 대화이다. 죽은 사람과 대화하는 것은 당연히 불가능하다. 남은 자는 어떻게든 죽은 자를 되살리려고, 그가 다시 말할 수 있게 하려고 몸부림칠 뿐이다. 프로이트의 애도 작업처럼 사랑하는 이를 정리하는 대신, 데리다는 그를 계속 마음에 남겨 두려 한다. 슬픔이 계속 남아 있기에, 애도는 끝나지 않는다. 그런 애도는 한편 상대방의 부재를 인정하면서도 그가 여전히 나와 함께 하고 있다고 주장하는 하나의 태도에 가깝다. 그것이 역설적이기에, 그것은 불가능한 애도라고, 또는 애도의 불가능성이라고 불려야 할 것이다. 단 불가능하다고 해서 할 수 없는 것은 아니다.

17. 이 글을 읽은 독자의 반응으로 적절하지 않은 것은?

① 프로이트는 애도를 남겨진 사람이 꼭 해야 할 임무로 생각했군.
② 프로이트는 죽은 자에 대한 마음을 잘 정리하지 못하면 정신증을 앓을 수도 있다고 생각했군.
③ 데리다는 프로이트의 애도가 죽은 사람보다 죽은 이를 잃은 사람에게 초점이 맞추어져 있다고 보았군.
④ 데리다는 사랑하는 사람의 실체적 죽음을 부정한 채 그에 대한 슬픔을 간직하는 것을 애도로 보았군.

18. ㉠에 들어갈 말로 가장 적절한 것은?

① 애도 작업은 성공이 예정되어 있다
② 애도 작업은 언젠가 반드시 완성된다
③ 애도 작업은 성공함으로써 실패한다
④ 애도 작업을 시도하지 말아야 한다

19. 다음 시에 대한 설명으로 적절하지 않은 것은?

이 길을 만든 이들이 누구인지를 나는 안다
이렇게 길을 따라 나를 걷게 하는 그이들이
지금 조릿대밭 눕히며 소리치는 바람이거나
이름 모를 풀꽃들 문득 나를 쳐다보는 수줍음으로 와서
내 가슴 벅차게 하는 까닭을 나는 안다
그러기에 짐승처럼 그이들 옛 내음이라도 맡고 싶어
나는 자꾸 집을 떠나고
그때마다 서울을 버리는 일에 신명 나지 않았더냐
무엇에 쫓기듯 살아가는 이들도
힘을 다하여 비칠거리는 발걸음들도
무엇 하나씩 저마다 다져 놓고 사라진다는 것을
뒤늦게나마 나는 배웠다
그것이 부질없는 되풀이라 하더라도
그 부질없음 쌓이고 쌓여져서 마침내 길을 만들고
길 따라 그이들을 따라 오르는 일
이리 힘들고 어려워도
왜 내가 지금 주저앉아서는 안 되는지를 나는 안다
― 이성부, 「산길에서」―

① '나는 안다'를 반복하여 '그이들'의 삶의 가치를 강조하고 있다.
② '바람', '풀꽃'은 화자에게 깨달음을 주는 대상을 환기하고 있다.
③ '길'은 화자에게 만족감과 동시에 불안감을 주는 공간이다.
④ '비칠거리는 발걸음', '부질없는 되풀이'를 통해 '그이들'의 삶의 자취를 떠올리고 있다.

20. 다음 글에 대한 설명으로 적절하지 않은 것은?

한국 사람들은 식사를 할 때 한 손으로 젓가락질을 하지만 서양 사람들은 양손에 포크와 나이프를 들고 식사를 한다. 프랑스의 기호학자 롤랑 바르트도 포크와 나이프로 식사하는 서양 사람을 고양이에 비유하고 젓가락으로 밥을 먹는 동양 사람을 먹이를 쪼아 먹는 새에 견준 적이 있다. 포크와 나이프가 쥐를 잡아먹는 고양이의 발톱이라면 젓가락은 먹이를 쪼아 먹는 새의 부리이다. 이렇게 찢어 먹는 것과 쪼아 먹는 식사법의 차이 때문에 서양 문화와 동양 문화 사이에 분명한 선이 그어지는 경우가 많다. 이는 단순한 식사법이나 도구 사용의 기술 문제로만 볼 수 없는 문화적 의미를 지니고 있기 때문이다.

한때 쇠젓가락으로 콩알을 집어먹는 한국인의 손재주가 줄기세포를 만드는 원천 기술이라고 자랑한 적이 있다. 하지만 정말 우리가 내세워야 할 것은 젓가락질 자체보다는 그 젓가락을 낳게 한 정신(精神)이다. 그렇다면 그 정신은 무엇일까? 그 해답은 의외로 단순하고 명확하다. 백 가지, 천 가지 이유에 앞서 우리가 젓가락을 쓰게 된 것은 우리의 모든 음식이 한입에 들어갈 수 있도록 차려져 있기 때문이다. 만약 음식을 만든 사람이 서양의 스테이크처럼 커다란 고깃덩어리를 그냥 통째로 내놓았더라면 우린들 별수 있었겠는가. 양식을 먹을 때처럼 칼이나 포크를 사용할 수밖에 없었을 것이다.

① 비유를 들어 두 대상의 차이를 드러내고 있다.
② 어떤 결과를 가져오게 된 원인을 분석하고 있다.
③ 전문가의 이론을 주장의 근거로 활용하고 있다.
④ 묻고 답하는 방식으로 핵심 내용을 강조하고 있다.

1. 다음 글에 제시된 내용이 아닌 것은?

엔지니어들이 소속된 집단은 거대되고 조직화되어 있고, 엔지니어는 조직의 봉사자로서 조직의 지휘에 복종해야 하는 경우가 대부분이다. 이들 엔지니어는 대부분의 경우 상사의 지시를 받는다. 문제는, 엔지니어가 보기에 상사의 지시가 공공의 안전과 복지에 해를 주는 비윤리적인 것일 때 발생한다. 이러한 상황에서 정상적인 대화로 문제가 해결되지 못할 때, 엔지니어는 어려운 상황에 빠진다.

상사의 지시를 따를 것인가, 아니면 원칙에 충실할 것인가? 엔지니어가 따르는 기술적 원칙들은 전문 영역에 속하기 때문에 상사가 이해하기 힘든 경우가 많다. 한편 엔지니어가 저지르는 기술적 오류는 막대한 사회적 피해를 가져올 수 있다. 이 때문에 엔지니어의 딜레마는 다른 전문직의 경우보다 더욱 심각하다.

의료, 법률 등의 거의 모든 전문직에는, 윤리적 주제와 연관된 교육 프로그램이 있어서 적절한 윤리적 판단을 내릴 수 있도록 도와준다. 그러나 공학 분야에서는 그러한 윤리적 주제에 관한 교육과 연구를 매우 등한시해 왔다. 가장 큰 이유는, 기술은 가치 중립적이고, 엔지니어는 기술을 생산하고 운용만 한다고 생각하기 때문이다.

게다가 엔지니어들은 그러한 문제에 대한 훈련이 되어 있지 않아 사회에서도 그들의 윤리적 판단 능력을 무시하는 경향이 있다. 그리하여 기술과 관련된 중요한 문제들이 이를 전혀 알지 못하는 정치가나 사업가들에 의해 잘못 판단되는 경우가 허다하다. 그들의 중대한 사회적 역할에도 불구하고, 엔지니어들은 중요한 의사결정에서 소외되어 자신의 책임을 다하지 못한다.

① 기술과 엔지니어의 역할에 대한 사회 전반의 인식
② 기술 활용에 대한 사회적 의사결정에 엔지니어가 참여하지 못하는 현실
③ 엔지니어를 심각한 딜레마에 빠지게 하는 직업적 특성과 사회적 조건
④ 기술과 관련된 윤리적 문제에 대한 책임 의식이 약한 엔지니어의 특성

12. 다음 글의 내용과 일치하지 않는 것은?

'공동선[common good]'은 '공익(공공선[public good])'과 그 의미가 같은 듯하면서도 다르다. public에는 한자 공공(公共)을 사용하고, common에는 한자 공동(共同)을 사용하는 것이 보통이다. public은 '모두에게 공개되어(드러나) 있음.'이라는 의미가 강하고, common은 '함께 더불어 누림.'이라는 의미가 강하다. 어떤 '공동체[community]'의 '공동선'은 해당 공동체의 '본질적 목적'이라고 할 수 있다. 이에 비해 설립된 공동체의 공공선(공익)을 증진한다고 할 때 공공선은 '공중보건[public health]' 등과 같은 '공공 서비스[public service]'를 가리킨다. 샌델이 강조하고자 하는 것은 '공동선'이며 대부분의 책들에서 이 용어를 사용한다. 그런데 가끔 '공공선'이라는 표현을 사용하기도 하는데, 예를 들어, 『공정하다는 착각』의 1장 두 번째 꼭지 부분에는 '공공선[공익]에 대한 기술 관료적 인식 방식'이라는 표현이 있다. 이 경우 '공공선'이 샌델이 주장하는 '공동선'과 완전히 다른 것을 뜻하지는 않지만 그렇다고 완전히 동일한 의미를 지니는 것도 아니다. 이 사례처럼 샌델은 어떤 상황을 중립적으로 서술할 때나 다른 입장을 소개할 때 '공공선'이라는 표현을 자주 사용하지만, 그 자신이 궁극적으로 강조하고자 하는 바는 '공동선'이다. 참고로 샌델과 달리 롤스는 『정의론』에서 '공동선'보다 '공공선(공익)'이라는 용어를 훨씬 더 자주 사용한다. 이러한 경향은 정의로운 사회의 기본 구조(제도)를 세우려는 롤스의 문제의식과 무관하지 않다.

① 샌델과 롤스는 모두 '공동선'과 '공공선'이라는 용어를 둘 다 사용한다.
② 샌델은 공동체의 공공 서비스 수준 향상을 궁극적 목표로 삼는다.
③ 공동선은 함께 더불어 누린다는 의미로 공동체의 본질적 목적이다.
④ 롤스가 정의로운 사회 구조의 실현을 위해 강조한 것은 'public good'이다.

13. 다음 시에 대한 감상으로 적절하지 않은 것은?

마음 후줄근히 시름에 젖는 날은 / 동물원으로 간다.

사람으로 더불어 말할 수 없는 슬픔을
짐승에게라도 하소해야지.

난 너를 구경 오진 않았다 / 뺨을 부비며 울고 싶은 마음.
혼자서 숨어 앉아 시를 써도 / 읽어 줄 사람이 있어야지
쇠창살 앞을 걸어가며 / 정성스레 써서 모은 시집을 읽는다.

철책 안에 갇힌 것은 나였다
문득 돌아다보면 / 사방에 창살 틈으로
이방(異邦)의 짐승들이 들여다본다.

'여기 나라 없는 시인이 있다'고 / 속삭이는 소리……

무인(無人)한 동물원의 오후 전도(顚倒)된 위치에
통곡과도 같은 낙조(落照)가 물들고 있었다.
  - 조지훈, 「동물원의 오후」 -

① '동물원'의 동물들은, 화자가 현실 극복 의지를 갖게 하는 계기로 작용하고 있다.
② '쇠창살', '철책', '창살' 등의 유사한 이미지를 반복하여 단절과 속박이라는 시적 의미를 부각하고 있군.
③ '이방의 짐승들이 들여다본다'에서 대상과 전도된 화자의 상황을 형상화하고 있군.
④ '통곡과도 같은 낙조가 물들고 있었다'에서 비유적 표현과 하강 이미지를 사용해 화자의 정서를 표현하고 있군.

14. <보기>를 참고할 때, ㉠~㉣에 대한 설명으로 옳지 않은 것은?

<보기>
- 'ㄱ, ㄷ, ㅂ'은 모음 앞에서는 'g, d, b'로, 자음 앞이나 어말에서는 'k, t, p'로 적는다.
- 'ㄹ'은 모음 앞에서는 'r'로, 자음 앞이나 어말에서는 'l'로 적는다. 단, 'ㄹㄹ'은 'll'로 적는다.
- 자음 사이에서 동화 작용이 일어나는 경우 변화의 결과에 따라 적는다.
- 고유 명사는 첫 글자를 대문자로 적는다.
- 인명은 성과 이름의 순서로 띄어 쓴다. 이름은 붙여 쓰는 것을 원칙으로 하되 음절 사이에 붙임표(-)를 쓰는 것을 허용한다. 이름에서 일어나는 음운 변화는 표기에 반영하지 않는다.

국가숲길은 지리산 둘레길, ㉠ 대관령 숲길, 백두대간 트레일, 디엠지(DMZ) 펀치볼 둘레길, 내포문화 숲길, 울진 금강소나무숲길, 대전 둘레산길, 한라산 둘레길, ㉡ 속리산 둘레길 등 9곳이 지정돼 있다. ㉢ 홍빛나 ○○청 홍보과장은 "국가숲길을 체계적으로 관리하고 ㉣ 벚꽃 명소, 해돋이 명소 등을 발굴하여 국민들이 이를 보다 쉽고 편하게 즐길 수 있도록 하겠다."라고 말했다.

① ㉠: 'ㄹㄹ'은 'll'로 적으므로 '대관령[대:괄령]'은 'Daegwallyeong'으로 적는다.
② ㉡: 자음 동화가 일어날 경우 변화의 결과에 따라 적으므로 '속리산[송니산]'은 'Songnisan'으로 적는다.
③ ㉢: 이름은 붙여 쓰는 것을 원칙으로 하되 음절 사이에 붙임표(-)를 쓰는 것을 허용하므로 '홍빛나'는 'Hong Binna'로 적되, 'Hong Bin-na'로 적는 것도 허용한다.
④ ㉣: 'ㄱ, ㄷ, ㅂ'은 자음 앞이나 어말에서는 'k, t, p'로 적으므로 '벚꽃[벋꼳]'은 'beotkkot'로 적는다.

15. 다음 「한글 맞춤법」의 내용을 참고할 때, 띄어쓰기가 옳은 것은?

> 제47항 보조 용언은 띄어 씀을 원칙으로 하되, 경우에 따라 붙여 씀도 허용한다.
> 　다만, 앞말에 조사가 붙거나 앞말이 합성 용언인 경우, 그리고 중간에 조사가 들어갈 적에는 그 뒤에 오는 보조 용언은 띄어 쓴다.
>
> [해설]
> 　보조 용언을 붙여 쓰는 것이 허용되는 경우는 다음의 두 가지이다.
> 　(1) '본용언 + -아/-어 + 보조 용언' 구성
> 　(2) '관형사형 + 보조 용언(의존 명사 + -하다/-싶다)' 구성
> 　본용언이 합성어인 경우에는 '덤벼들어보아라'처럼 본용언과 보조 용언이 결합한 형태가 너무 길어질 수 있으므로 본용언과 보조 용언을 붙여 쓰지 않는다. 본용언이 파생어인 경우도 마찬가지이다. 다만, 본용언이 합성어나 파생어라도 그 활용형이 2음절인 경우에는 붙여 쓴 말이 너무 긴 것은 아니므로 본용언과 보조 용언을 붙여 쓸 수 있다.

① 내일쯤에는 그가 이곳에 올듯도∨하다.
② 그는 부모님을 여읜 슬픔을 이겨냈다.
③ 집에서 키우던 소가 강물에 떠내려∨가∨버렸다.
④ 그는 서울 지리를 잘 아는체∨했다.

16. 다음 중 오류의 유형을 바르게 파악한 것은?
① '휴대폰 반입 금지' 교칙에 반대해 어제 영원이가 교장실에 찾아가 항의했대. 그런 걸 보면 영원이는 반항적 기질이 다분한 애인가봐. → 분할의 오류
② 다들 지우가 입이 가볍다고 말하는데, 입 무게를 재는 저울도 있나 보지? → 은밀한 재정의의 오류
③ 야생에서 달리기가 빠른 동물은 생존에 유리하다. 왜냐하면 잘 살아남으려면 빠르게 달릴 수 있어야 하기 때문이다. → 정황에 호소하는 오류
④ 작품 보존을 위해서 작품에 너무 가까이 서서 감상하지 말라고요? 알겠습니다, 지금부터는 가까이 앉아서 볼게요. → 강조의 오류

17. ㉠~㉣을 수정한 내용으로 적절하지 않은 것은?

> 동서고금을 막론하고 문학의 주제는 ㉠ 매우 천차만별이다. 그러나 나날이 발달하는 디지털 환경은 저자와 독자의 관계에서부터 텍스트 창작의 방식과 출판 그리고 소비 형태에 이르기까지 다양한 변화를 가져왔다. 특히 인터넷은 사용자 누구나가 공평하고 쉽게 정보를 접할 수 있도록 하고, 집필 상황을 바꾸어 놓았을 뿐만 아니라, 발표 공간을 확장시켰다.
> 　문학의 현상을 감독하고, 아직 오지 않은 낯선 것, 새로운 것을 상상하며, 그것들로 하여금 사회의 많은 부분을 바꾸기 위해 선도하던 문학이 아날로그 방식의 텍스트와 교육으로 ㉡ 진일보하는 동안 디지털 환경에서의 문학은 빠르게 변화한다. 하이퍼텍스트, 읽어 주는 텍스트, 동영상처럼 제작된 텍스트 등 디지털 매체의 특성을 지닌 텍스트가 또 다른 텍스트로 진화하면서 아날로그 방식의 문학과의 간극을 ㉢ 좁혀 놓았고, 결국 문학은 존재 위기의 갈림길에 놓이게 된 것이다.
> 　디지털 매체가 제공하는 블로그, 트위터, SNS 등의 공간은 문학 텍스트의 생산자와 수용자의 관계에 변화를 가져온다. 독자가 개인 블로그 등에 소소한 이야깃거리에서부터 논리적인 비평까지 다양하게 글을 발표하면서 스스로 작가가 되는 기회가 주어진 것이다. 이를 통해 문단을 통해야만 작가로 등단할 수 있었던 아날로그 환경에서의 작가와 독자 사이에 놓여 있던 견고한 경계가 무너지고, 작가와 독자 또는 비평가·연구자와 독자 사이의 관계가 ㉣ 수평적 관계로 바뀌게 된다.

① ㉠: 거의 대동소이하다
② ㉡: 제자리걸음하는
③ ㉢: 벌려 놓았고
④ ㉣: 수직적 관계

18. ㉠에 들어갈 한자 성어로 적절한 것은?

> 2000년 새로운 밀레니엄이 열리고 지난 20년 동안 한류 및 한국이라는 국가 브랜드의 성장을 돌아보면 ㉠ 이라는 말이 실감 난다. 20여 년 전 주방 기구를 신나게 두들기는 퍼포먼스 공연 '난타'가 크게 성공을 거두자, 이에 고무된 제작자가 영국에 가서 공연 제안을 하였더니, 돌아온 대답이 "한국 같은 나라에서도 공연을 하느냐?"였다는 이야기가 새삼 떠오른다. 지난 시절 한국은 늘 약소국이고 개발 도상국이었는데, 어느 사이엔가 우리는 이제 선진국이라는 인식이 자리 잡은 듯 보인다. K-팝, K-드라마, K-푸드, 한국어 배우기 등 전 세계로 빠르게 퍼져 나가는 K-열풍을 보며, 20세기의 한국과 21세기의 한국의 모습은 참으로 차원이 다르다는 생각을 한다.

① 南柯一夢　　　② 自繩自縛
③ 隔世之感　　　④ 識字憂患

19. ㉠~㉢에 들어갈 말이 바르게 연결된 것은?

> · 사업을 ㉠ 두었으니 열심히 하는 수밖에.
> · 예산을 대충 ㉡ 말하지 말고 잘 뽑아 보세요.
> · 싱그러운 봄나물이 입맛을 ㉢ .

	㉠	㉡	㉢
①	벌여	걷잡아서	돋구었다
②	벌여	겉잡아서	돋우었다
③	벌려	겉잡아서	돋구었다
④	벌려	걷잡아서	돋우었다

20. 다음 글에 대한 이해로 옳은 것은?

> 이제마의 사상 의학에서는 사람의 유형을 네 가지 사상인(태양인·소양인·태음인·소음인)으로 나누며, 각 유형에 따라 네 장부의 허실이 상대적으로 작용한다고 본다. 허한 것이 더욱 허하거나 실한 것이 더욱 실할 때 병으로 나타나며, 이때 장부의 소(少)는 실하거나 허한 것을, 장부의 태(太)는 더욱 실하거나 허한 것을 표현한다. 예를 들어 폐의 기운이 크고 간의 기운이 작은 유형이 태양인이며, 비장의 기운이 크고 신장의 기운이 작은 유형은 소양인이다. 이제마는 이 네 가지 유형에 따라 병을 앓는 것이 다르며, 당연히 병을 고쳐 가는 방법도 달리해야 한다고 주장했다. 그는 비록 증상이 같다 해도 사람의 유형이 다르면 다른 약을 써야 한다고 주장했다.
> 　사상 의학은 의학 그 자체보다 도덕과 수양을 더욱 중시했다. 어찌 보면 이제마는 윤리적인 의학의 체계를 세웠다고 말할 수 있다. 그는 오직 인격적 완성체로서 성인의 존재를 가정했는데, 성인이란 기의 편벽됨이 전혀 없는 인물로 사심에 치우치지 않은 공자와 맹자 같은 존재이다. 현실 세계에서는 이런 성인(聖人)이 거의 없고, 단지 기가 치우친 존재인 태양인·소양인·태음인·소음인이 대부분이다. 이들 사상인은 각각 비루하거나 천박하거나 탐욕스럽거나 게으른 천성을 지녔다. 이런 성질 때문에 병의 증상이 각기 달리 나타나는 것이다. 따라서 병이 생겼을 때 그 증상을 바로잡는 것이 급한 처치이기는 하지만, 본래 타고난 그릇된 성질을 바로잡을 수 있도록 천성의 단점을 수양하는 것이 궁극적인 치료법인 셈이다.

① 사상 의학은 기가 한쪽으로 치우친 이들만 현실에 존재한다고 본다.
② 사상 의학은 오장육부의 개념에 기초해 사람의 유형을 구분한다.
③ 사상 의학은 병증의 유사함보다는 환자 개개인의 차이를 우선시한다.
④ 사상 의학은 병이 났을 때 그 증상을 치료하기에 앞서 천성부터 수양해야 한다고 주장한다.

1. 다음 시에 대한 설명으로 적절하지 않은 것은?

> (가) 이월(二月)ㅅ 보로매 아으 노피 현 등(燈)ㅅ블 다호라
> 만인(萬人) 비취실 즈싀샷다
> 아으 동동(動動)다리
>
> (나) 사월(四月) 아니 니저 아으 오실셔 곳고리 새여
> 므슴다 녹사(錄事)니믄 넷 나를 닛고신뎌
> 아으 동동(動動)다리
>
> (다) 팔월(八月)ㅅ 보로문 아으 가배(嘉俳)나리마른
> 니믈 뫼셔 녀곤 오늘낤 가배(嘉俳)샷다
> 아으 동동(動動)다리
>
> - 작가 미상, 「동동」에서 -

① (가)는 시적 대상을 사물에 빗대어 예찬하고 있다.
② (나)는 대조의 수법으로 화자의 슬픔을 부각하고 있다.
③ (다)는 불가능한 상황을 설정하여 화자의 의지를 강조하고 있다.
④ (나)와 (다)에는 임과 함께 하지 못하는 화자의 그리움이 드러난다.

12. ㉠~㉣을 설명한 내용으로 적절한 것은?

> ㉠ 정부에서 실시한 조사 결과가 발표되었다.
> ㉡ 친구가 교실에서 나에게 선물을 주었다.
> ㉢ 철수는 드디어 공무원이 되었다.
> ㉣ 그는 아버지와 많이 닮았다.

① ㉠의 '정부에서'와 ㉡의 '교실에서'는 문장 성분이 같다.
② ㉡에서 필수적인 문장 성분은 주어, 목적어, 서술어이다.
③ ㉢에서 '공무원이'는 서술어를 수식하는 부사어이다.
④ ㉢과 ㉣의 서술어는 모두 두 자리 서술어이다.

13. ㉠~㉣에 들어갈 말로 알맞게 짝 지어진 것은?

> 에너지 전환 자체가 성장 요인이 될 수 있을까. 에너지 전환은 화석 에너지를 전기로 대체하는 '전전화(全電化)'와 발전 방식의 전환으로 이해할 수 있다. 전기는 투입물이 무엇이든 전기일 뿐이고, 석탄으로 생산한 전기든 재생 에너지로 생산한 전기든 산출물 차원에서는 전혀 구분되지 않는다. ㉠ 전기 생산 단계에서 산출물의 가치는 에너지 전환으로 변하지 않는다. 하지만 투입 비용은 크게 달라진다. 재생 에너지의 발전 단가가 빠르게 하락하고 있지만, 화석 에너지에 비해 여전히 높은 수준이다. ㉡ 재생 에너지의 비중이 증가함에 따라 전력 계통 전체가 부담해야 하는 소위 시스템 비용이 기하급수적으로 증가하고 있다. 산출물인 전기는 그대로인데 투입 비용만 늘어나니 전기 생산 단위당 부가 가치가 줄어들 수밖에 없다.
> 물론 전전화는 산출량으로서 발전량을 증가시켜 전기 생산 단계의 부가 가치 총량이 늘어난다. ㉢ 이와 동시에 전전화는 석유, 가스 부문의 부가 가치를 감소시켜 전기 부문의 부가 가치 증가분을 상쇄하기도 한다. ㉣ 상대적으로 비싼 전기 사용 비중을 높여야 하는 제조업 등 다른 부문의 부가 가치가 줄어들 가능성이 높다. 결론적으로 에너지 전환은 부가 가치의 총합으로 정의되는 국내 총생산[GDP] 증가, 즉 경제 성장을 이끄는 동력이 되기에는 한계가 있다.

	㉠	㉡	㉢	㉣
①	그러므로	게다가	그리고	그래서
②	그리고	그러나	또한	따라서
③	그러나	또한	그러나	그리고
④	따라서	더욱이	하지만	한편으로는

14. 다음 글의 내용과 부합하지 않는 것은?

> 에너지 음료는 교감 신경계를 자극하는 각성 물질 또는 몸의 기운을 활성화하는 성분인 카페인, 과라나, 타우린, 인삼, 비타민 등을 함유하고 있다. 따라서 사람들은 에너지 증진, 각성, 집중력 향상 그리고 운동 수행 능력 향상 등의 목적으로 에너지 음료를 섭취하게 된다. 에너지 음료는 일반적으로 고카페인 음료로 분류되는데, 고카페인 음료란 액체 식품 중 카페인 함량이 ml당 0.15mg 이상을 함유하고 있는 음료를 의미한다. 한국 소비자원에서 시중에 판매되는 20개의 에너지 음료를 평가한 결과, 각 제품별 한 캔마다 포함된 카페인 함유량은 최소 1.0mg에서 최대 162.4mg까지이며, 평균 58.1mg의 카페인을 함유하고 있는 것으로 나타났다.
> 카페인은 중추 신경계와 말초 신경계를 자극하는 작용이 있어 신경계를 활성화함으로써 피로를 감소시키고 공부와 운동을 할 때 집중력과 활동을 향상시키는 장점이 있다. 이 때문에 많은 청소년들이 고카페인이 함유된 에너지 음료를 섭취하고 있다. 하지만 지속적인 고카페인 에너지 음료의 섭취는 발작, 심부정맥, 신경 불안증, 심각하게는 사망까지 초래할 수 있다. 2015년에는 일본의 20대 남성이 카페인 중독으로 추정되는 원인으로 사망하였고, 2017년에는 미국의 10대 청소년도 카페인 과다 섭취로 추정되는 원인으로 사망한 바 있다.

① 집중력 향상과 운동 수행 능력 향상을 위해 에너지 음료를 찾는 경우가 있다.
② 카페인이 신경계를 활성화시키기 때문에 피로 감소와 집중력 향상 효과가 나타난다.
③ 에너지 음료를 지속적으로 섭취할 때 발생할 수 있는 질병은 젊은 층에게 특히 치명적인 결과를 야기한다.
④ 시판되는 에너지 음료는, 고카페인 음료를 분류할 때 기준이 되는 최소 카페인 함량보다 평균적으로 300배가 넘는 카페인을 함유하고 있다.

15. 제시문에서 궁극적으로 말하고자 하는 것으로 가장 적절한 것은?

> 인간은 영원한 유토피아를 건설하기에는 너무나 불완전한 존재이다. 그러나 인간이 역사의 종착점을 미리 내다볼 수 없다고 해서 역사의 진보 그 자체를 부정해 버릴 수는 없는 일이다. 진보의 구체적인 내용은 역사의 실제적인 전개 과정 속에서 살아 있는 인간이 그때그때 만들어 가는 것이다.
> 중세적 신분 제도와 절대 왕정이 사회를 억누르고 있던 18세기 유럽에서는 시민적 자유와 법 앞에서의 평등을 획득하는 것이 진보의 핵심적인 내용이었다. 그러나 19세기 자본주의가 극심한 사회, 경제적 불평등을 몰고 오면서 부르주아 혁명으로 얻은 자유가 '가진 자만을 위한 불평등한 자유'라는 것이 드러나자, 사회·경제적 평등을 이루는 것이 그 시대에 진보의 주요한 내용이 되었다. 유럽인에게 정복당한 전 세계 식민지, 반식민지 종속국의 민중에게는 민족의 해방이 진보의 가장 중요한 내용이었다. 이처럼 진보라는 추상적 관념에는 나라와 시대에 따라 다른 내용을 담을 수 있는 것이다.
> 진보를 믿는 것은 역사가 어떤 분명한 목표를 향해 나아간다고 믿는 것이 아니라, 자기가 당면한 과제를 인식하고 불합리한 사상과 제도를 고쳐 나가는 인간의 가능성을 믿는 것을 의미한다. 숱한 우여곡절을 겪겠지만 인류가 오늘날의 모든 어려운 문제들을 해결해 나갈 수 있다고 믿는 것은 바로 이런 관점에서이다. 인류는 이런 문제들과 싸워 나가는 과정에서 더 높은 가치관과 이념을 발전시킬 것이고 그에 따라 사회를 재조직할 것이다.

① 진보는 시간과 공간에 따라 변화한다.
② 상황에 맞게 진보의 목표를 설정해야 한다.
③ 인간에 대한 신뢰를 바탕으로 역사의 진보를 믿어야 한다.
④ 진보를 통해 인류의 보편적인 이상에 도달할 수 있다.

16. 다음 시에 대한 설명으로 적절하지 않은 것은?

> 친구가 원수보다 더 미워지는 날이 많다
> 티끌만 한 잘못이 맷방석만 하게
> 동산만 하게 커 보이는 때가 많다
> 그래서 세상이 어지러울수록
> 남에게는 엄격해지고 내게는 너그러워지나 보다
> 돌처럼 잘아지고 굳어지나 보다
>
> 멀리 동해 바다를 내려다보며 생각한다
> 널따란 바다처럼 너그러워질 수는 없을까
> 깊고 짙푸른 바다처럼
> 감싸고 끌어안고 받아들일 수는 없을까
> 스스로는 억센 파도로 다스리면서
> 제 몸은 맵고 모진 매로 채찍질하면서
>
> — 신경림, 「동해 바다 — 후포에서」 —

① 시간의 흐름과 공간의 이동에 따라 시상을 전개하고 있다.
② 점층법을 사용해 자기 성찰적 자세를 드러내고 있다.
③ 유사한 문장 구조를 반복하여 운율을 형성하고 있다.
④ 사물의 대조적 속성을 통해 주제 의식을 부각하고 있다.

17. <보기>의 내용을 참고하여 ㉠~㉤의 품사를 같은 것끼리 바르게 묶은 것은?

<보기>
관형사는 체언 앞에 놓여서, 그 체언의 내용을 자세히 꾸며 주는 품사이다. 조사도 붙지 않고 어미 활용도 하지 않는다.

• 나와 생각이 ㉠ 다른 사람들의 의견도 수용해야 한다.
• ㉡ 갖은 곤욕과 모멸과 박대는 그가 각오한 바였다.
• 호텔 방은 ㉢ 모든 것이 훌륭하게 갖추어져 있었다.
• 사정이 ㉣ 그런 걸 이제 와서 어떻게 하겠어요.
• 그는 ㉤ 무슨 일이든 척척 해냈다.

① ㉠, ㉡, ㉢
② ㉠, ㉢, ㉣
③ ㉡, ㉢, ㉤
④ ㉡, ㉣, ㉤

18. 다음 글의 내용에 대한 문제 제기로 적절한 것은?

행복한 사람들은 자기가 우월하게 보일 비교 기준을 선택할 뿐 아니라, 자신에 대해 사실이 아닌 의견을 견지한다. 즉 자기와 자기의 미래를 '장밋빛 안경'을 통해 바라본다는 것이다. 이러한 결론에 동의하는 사람들은 자기에 대한 긍정적 편향을 갖는 것이 정확하고 유효한 자기 평가를 하는 것보다 실제로 정신 건강에 더 좋다고 주장한다. 이러한 현상을 '긍정적 환상'이라고 한다. 자기에 대한 지나친 긍정적 평가와 미래에 대한 과도한 낙관적 신념, 그리고 자기 자신이 주변을 통제할 수 있다는 지나친 자신감은 자신의 정신 건강에 더 유익하다고 한다. 긍정적 환상이 더 나은 육체적 건강, 그리고 역경에 대해 보다 나은 대응 방법과 연관이 있다는 것이다.

① 자신에 대한 긍정적 편향을 갖기 위해서는 어떠한 방법을 사용하는 것이 좋은가?
② 남에게 과도하게 관심을 가지는 이 세상에서 개인주의자가 집단 속에서 행복할 수는 없는가?
③ 자신을 있는 그대로 바라보고 이를 대비하는 사람이 지나치게 낙관적인 사람보다 행복해질 수 없다는 것인가?
④ 긍정적 환상을 가진 학생들이 그렇지 않은 학생들에 비해 평균적으로 더 좋은 성적을 받은 사실을 어떻게 설명할 것인가?

[19~20] 다음 글을 읽고 물음에 답하시오.

우리나라는 식물 신품종에 대한 지식 재산권을 보호하고, 육성자의 식물 품종 개량을 촉진하며, 우리나라 종자 산업의 발전을 도모하기 위하여 '식물 신품종 보호법'을 실시하고 있다. 만약 육성자가 자신이 개량한 식물의 품종 보호권을 얻고 싶다면 먼저 해당 품종이 품종 보호 요건을 충족하고 있는지를 검토하여야 하는데, 그 요건에는 크게 신규성, 구별성, 안정성 등이 있다. '신규성'은 해당 품종이 품종 보호 출원일 이전의 일정 기간에 상업적 이용이 없을 때만 인정된다. 과수나 임목의 종자나 수확물은 국내에서 1년 이상 국외에서 6년 이상일 경우에 인정되며, 그 이외의 식물의 종자나 수확물은 국내에서 1년 이상 국외에서 4년 이상일 경우에 인정된다. '구별성'은 기존에 품종 보호권이 설정된 품종이나 현재 시중에 유통 중인 품종과 확연하게 구별되는 점이 있을 경우에 인정된다. '안정성'은 반복적으로 증식된 후에도 품종의 특성이 변하지 아니할 경우에 인정된다.

해당 품종이 품종 보호 요건을 모두 충족한다고 판단하였다면, 육성자는 품종의 명칭, 품종의 육성 과정에 대한 설명, 품종의 종자 시료 등을 포함한 출원 서류를 작성하여 담당 기관에 제출하여야 한다. 재외자(在外者)가 품종을 개량하고 자신이 거주하고 있는 나라와 우리나라 모두에서 품종 보호권을 얻고 싶다면 두 나라에 각각 품종 보호를 출원해야 한다.

품종 보호 출원이 접수되면 담당 기관은 접수된 출원 내용을 일반인이 볼 수 있도록 품종 보호 공보나 홈페이지 등에 일정 기간 공개한다. 출원 품종이 품종 보호 요건을 위반하고 있음을 발견한 이라면 누구든지 이 기간에 이의 신청을 할 수 있다. 이의 신청이 없다면, 법률에서 정한 자격을 가진 심사관이 출원 품종이 품종 보호 요건을 충족하는지 심사하게 된다. 이때 신규성의 충족 여부는 서류 심사로, 구별성과 안정성의 충족 여부는 재배 심사로 확인한다. 재배 심사는 출원 서류에 포함된 종자 시료를 직접 재배하여 심사하므로 심사에 1년에서 2년의 기간이 소요된다. 심사관이 심사 과정에서 품종 보호 출원에 대해 거절 이유를 발견할 수 없다면 품종 보호를 결정하게 되고, 육성자가 담당 기관에 첫 품종 보호료를 납부하면 품종 보호권이 설정된다.

19. 이 글의 내용과 일치하는 것은?
① 개량한 과수 열매를 품종 보호 신청 전에 13개월 동안 국내에서 판매한 이력이 있어도 품종 보호 요건을 충족할 수 있다.
② 심사관은 육성자가 제출한 품종의 종자 시료를 직접 재배하여 신규성, 구별성, 안정성의 요건을 확인한다.
③ 재외자인 육성자가 거주 국가에서 품종 보호를 출원할 경우 국내에서의 품종 보호는 자동으로 출원된다.
④ 식물 신품종 보호 출원을 담당하는 기관은 출원 서류의 접수, 출원 내용의 공개, 품종 보호료 수납 등의 업무를 맡는다.

20. '식물 신품종 보호법'을 바탕으로 할 때, 거짓을 말한 사람을 <보기>에서 모두 고르면?

<보기>
갑: 내가 새롭게 개발한 이 포도 종자는 여러 번 재배하면 질이 떨어진다는 단점이 있지만, 현재 판매되고 있는 포도와는 맛과 모습이 확연히 구별된다는 점을 인정받아 새롭게 품종 보호권을 얻을 수 있었어.
을: 식물 신품종 보호법은 예전부터 우리나라에서만 자생하는 토착 식물을 등록시켜 관리·보호하는 데 결정적 역할을 하지.
병: 개량한 식물이 품종 보호 요건에 부합하는지를 검토하는 주체가 다양하다는 점 때문에, 품종 보호권을 받기 어려운 경우가 생길 수도 있다.

① 갑
② 갑, 을
③ 을, 병
④ 갑, 을, 병

2. 다음 대화의 말하기 방식에 대한 이해로 잘못된 것은?

> 원희: 다음 주 우리 모둠의 발표 주제는 '토요 휴무일 활용 방안'이야. 토요 휴무일에는 다양한 체험 활동을 통해 창의성과 인성을 기를 수 있다고들 하잖아?
> 수연: 맞는 말이야. 그런데 ○○일보에서 전국 400명의 학생을 대상으로 조사한 결과를 보면 TV 시청, 컴퓨터 게임 등 계획 없이 시간을 보내는 학생들이 무려 47%나 된대.
> 재민: 그럼 발표문은 원희 말대로 토요 휴무일의 취지를 이야기하고, 수연이가 말한 자료를 활용하여 실태를 보여 준 다음 토요 휴무일을 잘 활용한 사례를 들어 주면 되겠다.
> 원희: 사례로는 내가 활동하고 있는 산악회와 축구 동아리를 소개하는 것이 어떨까? 이 동아리들에 참여하면 건강에도 좋고 친구도 사귈 수 있고 리더십도 생겨.
> 수연: 그런데 너무 운동에만 치우친 것 같아. 다양한 사례가 필요하지 않을까?
> 원희: 하긴 운동을 다들 좋아하는 것은 아니니까. 그럼 청소년 단체 등의 프로그램을 조사해서 더 다양한 자료를 찾아 보자.

① 원희는 의견과 함께 그에 대한 근거도 밝히고 있다.
② 재민은 상대의 말을 요약하면서 실무와 관련된 제안을 하고 있다.
③ 원희는 상대의 반박을 일부 수용하지만 자신의 의견만 관철하려 한다.
④ 수연은 상대 의견의 문제점을 지적한 뒤 자신의 의견을 말하고 있다.

13. 다음 <조건>에 따라 개요를 작성할 때 적절하지 않은 것은?

<조건>
㉮ 서론에는 도시 광산 산업에 대한 기본적인 이해를 돕는 정보를 넣는다.
㉯ 본론은 도시 광산 산업의 문제점, 그 원인과 해결책을 포함하되 원인과 해결책이 일대일로 대응되도록 한다.
㉰ 결론에서는 도시 광산 산업의 활성화에 따른 기대 효과와 부차적 이득을 언급한다.

제목: 우리나라 도시 광산 산업의 활성화 방안

서론: 1. 도시 광산 산업의 개념
　　　2. ㉠
본론: 1. 우리나라의 도시 광산 산업이 활성화되지 못하고 있음.
　　　2. 우리나라 도시 광산 산업이 활성화되지 못하는 원인
　　　　ⓐ 원료가 되는 폐전자 제품 확보의 어려움
　　　　ⓑ ㉡
　　　3. 우리나라 도시 광산 산업의 활성화 방안
　　　　ⓐ ㉢
　　　　ⓑ 전문적인 연구 시스템 구축을 통한 체계적 도시 광산 산업 기술의 개발
결론: ㉣

① ㉠: 도시 광산 산업의 성장 배경
② ㉡: 선진국에 비해 떨어지는 도시 광산 산업 기술의 수준
③ ㉢: 폐전자 제품의 경제적 가치와 배출 방법에 대한 적극적인 홍보
④ ㉣: 도시 광산 산업이 활성화되면 폐자원으로 전력 생산이 가능해질 수 있다. 그러므로 정부는 폐자원을 수거하기 위한 다양한 방법을 고민해야 할 것이다.

14. ㉠~㉣을 고쳐 쓴 것으로 옳지 않은 것은?

> ㉠ 지하철 공사가 언제부터 시작되고 언제 개통될지 알 수 없다.
> ㉡ 그의 장점은 사람들을 늘 배려하고 어떤 일이든 최선을 다한다.
> ㉢ 공과금을 기한 내에 은행 등 지정 기관에 접수하지 않으면 연체료를 내야 한다.
> ㉣ 우리는 균형 있는 식단 마련과 쾌적한 실내 분위기를 조성하려는 노력을 꾸준히 해 왔다.

① ㉠: 지하철 공사가 언제부터 시작되고 지하철이 언제 개통될지 알 수 없다.
② ㉡: 그의 장점은 사람들을 늘 배려하고 어떤 일이든 최선을 다한다는 것이다.
③ ㉢: 공과금을 기한 내에 은행 등 지정 기관에 수납하지 않으면 연체료를 내야 한다.
④ ㉣: 우리는 균형 있는 식단을 마련하고 쾌적한 실내 분위기를 조성하려는 노력을 꾸준히 해 왔다.

15. 다음 시에 대한 설명으로 옳은 것은?

> 생사(生死) 길흔
> 이에 이샤매 머믓그리고,
> 나는 가ᄂ다 말ㅅ도
> 몯다 니르고 가닛고.
> 어느 ᄀ술 이른 ᄇᄅ매
> 이에 뎌에 ㉠ ᄠ러딜 닙ᄀᆞᆫ,
> ㉡ ᄒᄃᆞᆫ 가지라 나고
> 가논 곧 모ᄃᆞ론뎌.
> 아야 미타찰(彌陀刹)아 맛보올 나
> 도(道) 닷가 기드리고다.
> 　　　　　　　　　　- 월명사, 「제망매가」-

① 대화의 형식을 통해 화자와 시적 대상 간의 친밀감을 드러내고 있다.
② 대비되는 공간을 통해 삶의 무상감을 극복하려는 화자의 의지를 드러내고 있다.
③ 영탄적 표현으로 시를 마무리하여 화자의 체념적 태도를 강조하고 있다.
④ ㉠은 화자 자신을 비유한 것이며, ㉡은 화자와 시적 대상의 관계를 표현한 것이다.

16. 다음의 「한글 맞춤법」 자료를 읽고 이해한 것으로 적절하지 않은 것은?

> 제5항 한 단어 안에서 뚜렷한 까닭 없이 나는 된소리는 다음 음절의 첫소리를 된소리로 적는다.
> 　1. 두 모음 사이에서 나는 된소리
> 　2. 'ㄴ, ㄹ, ㅁ, ㅇ' 받침 뒤에서 나는 된소리 ·············· ㉠
> 다만, 'ㄱ, ㅂ' 받침 뒤에서 나는 된소리는, 같은 음절이나 비슷한 음절이 겹쳐 나는 경우가 아니면 된소리로 적지 아니한다.
> ·············· ㉡
>
> [해설]
> 　이 조항에서 '한 단어'는 '한 형태소로 이루어진 단어'를 의미하는 것으로 풀이할 수 있다. 따라서 복합어인 '발바닥[발빠닥], 잠자리[잠짜리]'와 같은 표기는 이 조항의 적용을 받지 않는다.

① '딸꾹'은 'ㄹ' 받침 뒤에서 된소리가 나는 경우이므로 ㉠의 예로 들 수 있겠군.
② '눈곱'은 ㉠의 규정에 따라 '눈꼽'으로 고쳐 적어야 하겠군.
③ '싹둑'은 'ㄱ' 받침 뒤에서 된소리가 나지만, 같거나 비슷한 음절이 겹쳐 나는 경우가 아니므로 ㉡의 예로 들 수 있겠군.
④ '깍뚜기'는 ㉡의 규정에 따라 '깍두기'로 고쳐 적어야 하겠군.

17. 다음 글을 통해 추론할 수 있는 내용으로 적절하지 않은 것은?

> 최근 국내 카드사의 리볼빙 서비스 이용 실적이 지속적으로 증가하고 있다. 리볼빙 서비스는 신용 카드 대금을 분납해서 결제할 수 있는 이월 약정 서비스이다. 즉, 신용 카드 대금의 전액을 결제하기 어려운 가계를 위해 카드 이용액 중 일부를 결제한 후 나머지 결제해야 되는 금액은 다음 월로 이월하는 서비스이다. 리볼빙 서비스의 경우 카드 대금 이월에도 불구하고, 연체 적용이 되지 않는 대신 높은 수수료가 부과된다.
> 리볼빙 서비스 이용의 급증 배경에는 최근 고물가 상황도 한몫하는 것으로 유추된다. 제품 및 서비스 가격의 상승은 가계가 신용 카드 결제 대금을 완납하는 데에 적지 않은 부담이 되기 때문이다. 더욱이, 코로나19 팬데믹 기간 중 소득이 급감한 자영업·소상공인의 가계에서 리볼빙 서비스에 대한 수요가 큰 것으로 보인다. 실제로 지난 2021년 초부터 물가 상승이 본격화되면서, 한국은행이 기준 금리를 인상하는 통화 긴축 정책을 시작하였다. 해당 시점부터 리볼빙 잔고가 증가하는 양상을 보이는 등 최근 리볼빙 서비스 이용이 고물가 상황과 관련이 있음을 시사한다. 리볼빙 서비스의 높은 수수료율, 이 서비스를 이용하는 금융 소비자의 낮은 신용 평점이 자칫 가계 부채의 질을 악화시킬 수 있다는 우려가 도처에서 제기된다.

① 리볼빙 서비스를 이용하는 사람은 높은 이용 수수료를 감당해야 하지만 연체 수수료는 지불하지 않아도 될 것이다.
② A는 리볼빙 서비스의 약정 비율에 따라 카드 납부 금액 100만 원 중 20만 원만 납부하고 80만 원을 다음 달로 이월할 수 있었다.
③ 리볼빙 서비스는 이용자의 가계 부채의 질을 악화시킬 수 있고 신용 점수를 하락시킨다는 점에서 사용에 주의가 필요하다.
④ 시중의 물가 상승은 국책 은행이 기준 금리를 인상하는 통화 긴축 정책으로 이어질 수 있다.

18. 다음 글에 나타난 논증 방식과 가장 유사한 것은?

> 의료 과오 소송은 흔히 의사의 진료 과실의 문제로 발생한다. 진료 과실이 인정되면 의사는 환자의 생명·신체 침해에 대하여 환자에게 재산적·정신적 손해를 배상하여야 한다. 따라서 법원의 최종 결정에 따라 피고(의사)가 원고(환자)에게 손해 배상을 하지 않아도 되었다는 것은 법원에서 피고의 의료 과실을 인정하지 않았다는 것을 의미한다. 의료 과오 소송의 성격상 환자가 의사의 과실 행위와 결과의 인과 관계를 밝히는 것이 어렵기 때문에 대법원은 이를 고려할 필요가 있다.

① 세계 기상 기구에 따르면 지구의 연평균 온도는 계속 상승하고 있다. 지구에 속한 우리나라 또한 과거보다 더 뜨거운 한 해를 견뎌야만 한다.
② 전통과 현대는 날실과 씨실의 관계와 같다. 씨실의 활동이 아무리 많아도 날실이 없으면 베를 짤 수 없는 것처럼 전통이 없이는 현대도 온전하게 성립할 수 없다.
③ 건설 현장에서 노동자가 안전모를 착용한다면 적어도 치명적인 부상은 입지 않는다. 지난달 한 건설 현장에서는 노동자가 높은 곳에서 떨어진 철근에 맞아 뇌출혈로 쓰러지는 사고가 발생했다. 이는 해당 노동자가 안전모를 착용하지 않았다는 것을 의미한다.
④ 결승전에서 우리나라와 맞붙을 상대가 미국 또는 러시아로 굳어진 상황에서 러시아가 선수들의 도핑 혐의로 준결승전에서 탈락했다. 이제 대한민국이 결승전에서 겨뤄야 하는 상대는 확실해졌다.

19. 다음 글의 빈칸에 들어갈 말로 가장 적절한 것은?

> 구텐베르크가 금속 활자를 발명한 후 민간의 인쇄업자들은 그 기술을 적극 수용하여 약 50년 동안 많게는 1,000개 가까운 인쇄소가 유럽에서 생겨났다. 당시 독일에는 라틴어 문법 서적 등 인쇄물에 대한 대중의 수요가 많았는데, 기존의 목판 인쇄는 생산 비용이 너무 높아서 그 수요를 감당하기 어려웠다. 구텐베르크가 금속 활자를 발명함으로써 인쇄물의 생산 가격이 낮아지자 다수의 민간업자들은 이 새로운 기술을 활발하게 받아들였다. 그러나 조선의 경우는 이와 달랐다. 조선 전기에 금속 활자로 인쇄를 할 수 있었던 곳은 국가 기관인 주자소와 교서관에 불과했다. 조선 후기에도 사정은 크게 달라지지 않았는데, 민간에서 주조한 금속 활자가 몇 종 있긴 했지만 극소수 양반가의 소유였을 뿐이었다. 조선에서 금속 활자는 민간에서 거의 수용되지 않았던 것이다. 그 까닭은 무엇인가? 가장 본질적인 요인은 ▭▭▭▭. 조선 시대에 금속 활자로 인쇄한 것은 대부분 한자로 쓰인 책이었는데, 이를 인쇄하자면 한자 수만큼이나 많은 활자가 필요했다. 실제 조선의 금속 활자는 한 번에 주조할 때마다 10만 자를 넘기기 일쑤였다. 이에 비해 소리글자인 라틴 자모의 경우 대문자와 소문자를 모두 감안하더라도 수백 자를 넘지 않으므로, 필요한 활자의 수가 절대적으로 적었다. 따라서 민간에서 부담 없이 주조할 수 있었다.

① 인쇄물의 생산량과 생산 비용의 차이이다
② 표의 문자와 표음 문자라는 문자 유형의 차이이다
③ 금속 활자 발명에 상업적 동기가 작용했는지의 차이이다
④ 인쇄에 필요한 활자 수와 활자를 만드는 재질의 차이이다

20. 다음 글의 서술상의 특징으로 적절한 것은?

> 광석이는 애당초가 주책이 없다 할까 주변이 있다 할까 엄벙덤벙 토박이 반원들과 얼려 막걸리 사발이나 얻어 마시곤 했고, 주변 좋게 보탬을 해서 북쪽 얘기를 해 쌓고, 이렇게 며칠이 지났을 땐 어느덧 반원들은, 나나 두찬이나 하원이와는 달리, 광석이만은 오래전부터 사귀어 온 친구처럼 손을 맞잡고는,
> "나왔나!"
> "오냐, 느 형님 여전하시다."
> "버르장머리 몬 쓰겠다. 누구 보고 형님이라카노?"
> "자네 언제부터, 말버르장머리하곤, 허 요새 세상이 이래 노니."
> 농담조로 수인사가 오락가락했으니, 나나 두찬이나 하원이는 광석이의 이런 꼴을 멀끔히 남 바라보듯 바라다봐야 했다. 광석이는 차츰 반원들과 얼려 와자지껄하는 데 더 재미를 느끼는 것 같았고, 날이 갈수록 자신만만해졌다.
> 그 꼴사나움은 이루 말할 수 없어 더구나 주변 없고 무뚝뚝하고 외양보다 실속만 자란 두찬이는 저대로 뒤틀리는 심사를 지닌 채 다른 궁리를 차리는 모양이었다. 사실 이즈음부터 두찬이는 부두 안에서 얌생이*를 해도 다만 밥 두 끼 값이라도 골고루 나누어 주는 법이 없이, 일판만 나오면 혼자 부두 앞 틈 사이 샛길을 허청허청 돌아다녔다.

— 이호철, 「탈향」에서 —

* 얌생이: 남의 물건을 조금씩 슬쩍슬쩍 훔쳐 내는 짓을 속되게 이르는 말

① 작중 서술자가 관찰자의 입장에서 사건을 객관적으로 전달하고 있다.
② 특정한 소재를 통해 작품의 시대적 배경을 나타내고 있다.
③ 시간이 흐름에 따라 인물 사이의 갈등이 해소되고 있다.
④ 특정 인물의 시각에서 다른 인물의 심리를 추측하여 전하고 있다.

2. 다음 글의 중심 내용으로 적절한 것은?

서양에서 가장 좋은 글은 귀와 언어 중추를 효과적으로 자극하는 문장이었다. 셰익스피어는 원래 목소리 연기자였으며 그의 작품은 애초에 사람들에게 들려주는 게 목적이었다. 우리가 문자 언어의 결정체라고 하는 셰익스피어 희곡들도 따지고 보면 말로 하는 공연을 위해 쓴 셈이다. 1300년대 초반까지도 읽기는 '소리 내서 읽기'를 의미했다. 눈으로 보는 게 아니라 혀를 놀리고 입술을 움직여야 제대로 된 읽기였던 것이다. 읽기가 오늘날처럼 텍스트 이해력인 세상은 상상할 수 없었다. 동양도 마찬가지다. 인성구기(因聲求氣)란 '소리를 타야 기운이 찾아진다.'라는 뜻이다. 무엇이든 소리 내서 읽어야 좋은, 원하는 결과가 나온다는 말이다. 중고생 시절, 어학 과목은 무조건 외우라는 선생님들의 주문은 다분히 억압적이고 수긍하기 힘들었을 것이다. 그러나 중국의 문호 요내(姚鼐)는 소리가 의미에 선행하며 소리를 고르게 내어 반복적으로 책을 읽으면 그 뜻이 어느새 자기 안에 맺힌다는 이론을 오래전 설파했다.

① 시대의 흐름에 따른 독서 방식의 진화
② 고대 서양과 동양의 언어 활동 비교
③ 시각보다 우위에 있는 청각 효과
④ 언어 이해에 효과적인 소리의 힘

13. 다음 글의 빈칸에 들어갈 결론을 알맞게 추론한 것은?

지리적으로 독도는 '울릉도의 부속 도서'이다. 따라서 울릉도의 영유 국가가 독도의 영유 국가가 된다. 15세기의 『세종실록』에는 울릉도를 본도(本島)라 하고, 독도의 당시 명칭인 우산도를 울릉도의 속도(屬島)라고 하였다. 독도를 당시 '우산도'라고 호칭한 것도 옛 우산국의 영토로서 본도를 '울릉도'로 호칭하게 되자 울릉도의 속도인 독도에 '우산도'의 명칭이 옮아 붙은 것이다. 일본의 메이지 정부가 1877년에 울릉도와 독도를 일본과는 관계없는 땅이고, 조선 영토라는 결정서의 훈령 공문을 작성하여 각 지방에 내릴 때 울릉도와 독도를 '죽도와 그 외 1도'라고 하여 '울릉도 외 1도'로 표기한 것도 독도를 '울릉도의 부속 도서'로 간주했기 때문이다. 그러므로 울릉도의 영유 국가가 결정되면 지리적으로 그 부속 도서인 독도의 영유 국가는 울릉도의 영유 국가의 소유로 간주되어 온 것이다. 따라서 _____.

① 독도는 국제법상으로도 대한민국 영토인 것이다
② 울릉도와 독도를 하나의 섬으로 간주해야 한다
③ 지리적으로도 독도는 울릉도의 영유 국가인 대한민국 영토인 것이다
④ 대한민국이 건국된 이후로 독도는 역사적으로도, 지리적으로도 대한민국의 국토인 것이다

14. ㉠~㉣을 고쳐 쓰기 위한 방안으로 적절하지 않은 것은?

1789년 대혁명 뒤 프랑스는 수많은 시행착오를 겪었으며 수많은 희생을 ㉠치뤄야 했다. 그 과정에서 풍전등화의 위기도 ㉡적잖게 겪었다. 프랑스가 ㉢절대절명의 상황에서 살아난 것은 혁명의 열정, 국력과 함께 뛰어난 외교력이 한몫했다. 당시 국가 몰락의 위기를 기회로 바꾼 한 외교관이 있었는데, 바로 샤를 모리스 드 탈레랑 페리고르이다. 프랑스의 한 카툰은 그를 '6개의 머리를 가진 남자'로 묘사했다. 서로 다른 6개의 정권에서 외교관과 정치인으로 일한 경력을 ㉣가르킨다.

① ㉠: '치르다'가 바른 표기이므로 '치러야'로 수정한다.
② ㉡: '적지 않게'를 준 대로 적은 '적잖게'로 수정한다.
③ ㉢: 어법에 맞게 '절체절명'으로 수정한다.
④ ㉣: '가리키다'가 바른 표기이므로 '가리킨다'로 수정한다.

15. 다음 글에서 추론할 수 있는 내용으로 적절하지 않은 것은?

풍물 서경을 통한 내면의 표백으로 시인의 정체성을 일관되게 정립한 시인으로 우리는 「와사등」의 김광균을 상기하게 된다. 그러나 그는 도회지의 서경으로 자기 자신을 엄격히 한정시켰다. 고향과 시골의 풍물을 서정적으로 처리한 작품이 아주 없는 것은 아니나 그것은 이례적인 경우였다. 김광균 시 속의 도시는 30년대 한국에 실재한 도시와 함께 외국의 그림엽서에서 훔쳐 와 색칠해 넣은 관념적 모조 도시도 포함하고 있다. 의식적으로 근대 도시의 시인이고자 했던 젊은 날의 김광균에게 도시는 세계 주변국 청년에게 광범위하게 퍼져 있던 서구 동경의 기호(記號)라는 국면이 없지 않다. 이와는 달리 백석은 도시에서 멀리 떨어진 주변부의 풍물과 정서에 충실했던 시인이었다. 서른 이전 젊은 날의 그가 당치 않게 어린 시절을 많이 노래한 것도 도시적인 것의 침식을 받기 이전의 고토(故土)의 순수를 표출하려는 의지와 관련되어 있다고 생각된다. 어린 시절이 고토의 토착적 순수와 겹쳐 있었기 때문이다. 「광원」은 서경으로 시종한 소품이다. 아득하게 넓은 벌을 철도가 '노새의 맘을 먹고 지나간다'라는 재미있는 대목에는 감상의 허위가 끼어들었지만 전체적으로 담담한 소묘이다. 흙바람이 이는 황량한 벌과 젊은 새악시의 대조가 돋보인다. 서경이 그대로 백석 시 특유의 적막감을 환기하고 있어 미메시스와 표현이 융합된 소품이다. 비록 도시 거주인이 되는 경우에도 정신적 고향 잔류자로 남아 있는 신경림 시의 내포 화자와 백석 시의 내포 화자 사이에는 어떤 근친성이 보인다. 그럼에도 두 시인 사이의 연대적 상거(相距)와 지리적 상거는 소홀치 않다. 백석 시에서와는 달리 신경림 시에는 낱말 풀이가 전혀 필요치 않다. 따라서 신경림이 백석에게 빚지고 있다 하더라도 그것은 그리 큰 빚이 아니다.

① 김광균의 시는 한국의 도시 풍경을 배제하고, 그가 동경하던 관념 속 외국 도시의 풍경을 그려 냈다.
② 백석의 시는 유년 시절을 회상한 것이 많은데, 이를 통해 순수했던 고향의 모습을 보여 주려 했다.
③ 백석의 시 「광원」은 풍경을 담담하게 묘사한 시이지만 화자의 서정도 드러내고 있다.
④ 신경림과 백석의 시는 고향에 대한 정서를 담고 있다는 점에서 공통되지만 시어 사용에는 차이를 보인다.

16. (가) ~ (라)에 대한 설명으로 잘못된 것은?

(가) 눈 마ᄌ 휘여진 ᄃᆡ를 뉘라셔 굽다턴고
　　구블 절(節)이면 눈 속에 프르소냐
　　아마도 세한 고절(歲寒孤節)은 너ᄲᅮᆫ인가 ᄒᆞ노라
　　　　　　　　　　　　　　　　　　　　　　　　- 원천석 -

(나) 사랑이 엇쩌터니 둥고더냐 모지더냐
　　길더냐 져르더냐 발일너냐 ᄌᆞ힐너냐
　　각별(各別)이 긴 줄은 모로디 못 간 듸를 몰나라
　　　　　　　　　　　　　　　　　　　　　　　　- 작가 미상 -

(다) 출(出)ᄒᆞ면 치군택민(致君澤民) 처(處)ᄒᆞ면 조월경운(釣月耕雲)
　　명철 군자(明哲君子)는 이룰사 즐기ᄂᆞ니
　　ᄒᆞ믈며 부귀 위기(富貴危機)ㅣ라 빈천거(貧賤居)ᄒᆞ오리라
　　　　　　　　　　　　　　　　　　　　　　　　제8수
　　　　　　　　　　　　　　　　　　　　- 권호문, 「한거십팔곡」에서 -

(라) 금강 일만 이천 봉이 눈 아니면 옥(玉)이로다
　　헐성루(歇惺樓) 올라가니 천상인(天上人) 되었어라
　　아마도 서부진 화부득(書不盡 畵不得)은 금강인가 하노라
　　　　　　　　　　　　　　　　　　　　　　　　- 안민영 -

① (가): 설의적 표현으로 화자의 굳은 지조를 강조하고 있다.
② (나): 언어유희적 표현으로 사랑의 속성을 제시하고 있다.
③ (다): 시각적 심상을 사용하여 은거 생활을 표현하고 있다.
④ (라): 감탄형 어조를 반복하여 겨울의 금강산을 예찬하고 있다.

17. 다음 대화에 대한 설명으로 옳은 것은?

> 진구: 어제 「조선의 오페라」 마지막 회가 방영됐잖아. 너무 아쉬워, 정말 재미있었는데.
> 혜수: 나도 재미있게 보긴 했는데, 실제 역사와 다른 부분이 좀 많더라. △△ 리서치에서 설문 조사한 걸 보면 응답자의 60%가 역사 드라마의 내용을 사실로 인식하고 있다고 해. 왜 역사 드라마가 사실을 바탕으로 해야 하는지 이것만 봐도 분명히 알 수 있지.
> 진구: 그렇지만 작가의 상상력 덕분에 「조선의 오페라」가 판소리에 대한 관심을 크게 불러일으키기도 했잖아. 그 덕분에 우리는 드라마를 재미있게 볼 수 있었고.
> 혜수: 하지만 지나치게 흥미를 추구하다 보면 역사를 왜곡할 수 있다는 게 문제지.
> 진구: △△ 리서치의 설문 결과는 나도 봤는데 '드라마 작가가 흥미를 위해 역사를 재구성해도 되는가?'라는 설문에는 긍정적인 의견이 더 많았어. 설문 내용 중 너한테 유리한 항목만 제시한 건 아니야? 역사 드라마도 결국 드라마일 뿐이야. 시청자들이 역사를 배우려고 역사 드라마를 보는 건 아니잖아.
> 혜수: 어떤 미디어 비평가는 한 편의 드라마가 열 권의 역사책보다 더 큰 영향을 미친다고 얘기했어. 그러니 역사 드라마도 흥미보다는 역사적 사실을 바탕으로 해야 해.
> 진구: 사람들이 드라마를 보는 목적은 즐거움을 얻기 위해서야.

① 혜수와 진구는 상대방의 의견을 일부 수용하고 있다.
② 진구와 달리 혜수는 통계 자료를 편향적으로 해석하고 있다.
③ 혜수와 달리 진구는 작품이 속한 장르의 근원적 특성을 우선시하고 있다.
④ 진구와 달리 혜수는 역사 드라마를 보는 목적이 역사 공부에 있다고 생각하고 있다.

18. 다음 글에 부합하지 않는 내용은?

> 정조 임금이 애초 10년을 잡았던 수원 화성의 공사를 2년 7개월 만에 끝낼 수 있었던 것은 정약용이 발명한 '유형거(遊衡車)'라는 특별한 수레 덕분이었다. 『화성성역의궤』의 기록에 따르면 성을 쌓는 돌을 운반할 때 유형거를 이용함으로써 공사 기간을 단축하고 비용도 크게 절약할 수 있었다고 한다. 그렇다면 기존의 수레에 비해 유형거가 공학적으로 높은 평가를 받는 까닭은 무엇일까?
> 첫째, 여느 수레는 짐을 나르는 기능에만 치우쳐 있는 것에 비해, 유형거는 짐을 쉽게 운반할 수 있을 뿐만 아니라 짐을 싣는 작업도 지렛대의 원리를 반영하여 쉽게 할 수 있도록 설계되었다. 둘째, 유형거는 소에서 얻는 주동력 외에 보조 동력을 더할 수 있었다. 이는 수레가 흔들림에 따라 싣고 있는 돌이 차상 위에서 앞뒤로 움직이면서 추진력을 더했던 것이다. 셋째, 기존의 수레는 거친 길을 달리면서 받는 충격을 완화하기가 힘들었으나, 유형거는 수레를 운용하는 사람이 손에 익은 경험을 통해 유형거가 받는 충격을 감지하고 그 힘을 상쇄하기 위하여 손잡이를 조작하는 방식으로 완충 제어를 하였다.

① 정약용이 발명한 유형거로 성을 쌓는 돌을 운반한 덕분에 화성의 공사 기간이 크게 단축되었다.
② 유형거는 운송 기능뿐 아니라 지렛대의 원리를 이용하여 적재 작업도 용이하도록 설계되었다.
③ 유형거는 소에게서 동력을 얻으면서도 적재물이 움직이면서 내는 에너지를 보조 동력으로 이용하였다.
④ 유형거는, 유형거를 다뤄 본 경험이 없는 사람이라도 완충 제어를 쉽게 할 수 있다는 장점을 지녔다.

19. 다음 글에 대한 설명으로 잘못된 것은?

> 내가 집이 가난해서 말이 없으므로 혹 빌려서 타는데, 여위고 둔하여 걸음이 느린 말이면, 비록 급한 일이 있어도 감히 채찍질을 가하지 못하고 조심조심하여 곧 넘어질 것같이 여기다가, 개울이나 구렁을 만나면 내려 걸어가므로 후회하는 일이 적었다. 발이 높고 귀가 날카로운 준마로서 잘 달리는 말에 올라타면 의기양양하게 마음대로 채찍질하여 고삐를 놓으면 언덕과 골짜기가 평지처럼 보이니 심히 장쾌하였다. 그러나 어떤 때에는 위태로워서 떨어지는 근심을 면치 못하였다.
> 아! 사람의 마음이 옮겨지고 바뀌는 것이 이와 같을까? 남의 물건을 빌려서 하루아침 소용에 대비하는 것도 이와 같거든, 하물며 참으로 자기가 가지고 있는 것이랴?
> 그러나 사람이 가지고 있는 것이 어느 것이나 빌리지 아니한 것이 없다. 임금은 백성으로부터 힘을 빌려서 높고 부귀한 자리를 가졌고, 신하는 임금으로부터 권세를 빌려 은총과 귀함을 누리며, 아들은 아비로부터, 지어미는 지아비로부터, 비복(婢僕)은 상전으로부터 힘과 권세를 빌려서 가지고 있다.
> 그 빌린 바가 또한 깊고 많아서 대개는 자기 소유로 하고 끝내 반성할 줄 모르고 있으니, 어찌 미혹(迷惑)한 일이 아니겠는가? [중략]
> 맹자가 일컫기를 "남의 것을 오랫동안 빌려 쓰고 있으면서 돌려주지 아니하면 어찌 그것이 자기의 소유가 아닌 줄 알겠는가?" 하였다.
> 내가 여기에 느낀 바가 있어서 차마설을 지어 그 뜻을 넓히노라.
> — 이곡, 「차마설」에서 —

① 말을 빌려 탄 개인적 경험을 보편적 깨달음으로 확장하는 유추의 방식을 사용하고 있다.
② 글쓴이는 지금 소유하고 있는 것처럼 보이는 것은 실은 모두 빌린 것이라고 생각하고 있다.
③ 글쓴이는 물건을 빌릴 때보다 소유할 때, 사람의 심리 변화가 더 극심할 것이라 생각하고 있다.
④ 성현의 말을 인용하여 이를 소유에 대한 글쓴이의 관점을 새롭게 전환하는 계기로 삼고 있다.

20. 다음 글을 바르게 이해한 것은?

> 반론권은 언론 중재법에 규정되어 있다. 언론 중재법 제16조 1항에 따르면, 사실적 주장에 관한 언론 보도 등으로 인하여 피해를 입은 자는 그 보도 내용에 관한 반론 보도를 언론사 등에 청구할 수 있다. 반론 보도 청구를 위해서는 언론사 등의 고의·과실이나 위법성을 필요로 하지 않는다. 반론 보도 청구권과 구분되는 것이 정정 보도 청구권이다. 언론 중재법상 정정 보도 청구권은 반론 보도 청구권과 마찬가지로 사실적 주장에 관한 언론 보도 등으로 인하여 피해를 입은 자가 청구하며, 이러한 청구를 하기 위해서는 언론사 등의 고의·과실이나 위법성이 필요하지 않다. 다만 언론 중재법상 정정 보도 청구권은 "사실적 주장에 관한 언론 보도 등이 진실하지 아니함으로 인하여 피해를 입은 자"가 행사할 수 있는 데 반하여, 반론 보도 청구권은 보도 내용의 진실 여부와 상관없이 행사할 수 있다. 전자는 언론 보도의 내용이 허위이거나 부정확한 경우 피해자에게 인정되는 직접적인 권리 구제인 데 반하여, 후자는 언론 보도로 공격을 받은 자가 보도 내용에 대응할 수 있도록 해 주는 반박권이라는 점에서 두 제도는 차이가 있으며, 두 제도의 중심이 되는 법 원리가 다르다.

① 언론 보도의 내용이 진실이라면 반론 보도 청구권을 행사할 수 없다.
② 정정 보도 청구권과 달리 반론 보도 청구권에 대한 규정은 언론 중재법에 제시되어 있다.
③ 반론 보도 청구권이 피해자 권리 구제의 성격을 띠는 반면 정정 보도 청구권은 보도 내용에 반박할 수 있는 권리의 성격을 띤다.
④ 반론 보도 청구권과 정정 보도 청구권 모두 언론사의 위법성이 인정되지 않아도 청구가 가능하다.

첫 달 START !!

시작일	
종료일	
목표 점수	
목표 시간	
나의 각오	

> 자! 이제부터 시작이야.
> 먼저 《반반 난이도 실력 확인 모의고사》를 통해
> 자신의 약점과 실력을 점검하고,
> 《기출 변형 모의고사》를 통해 유형을 확실히 익히자!
>
> 선재 쌤 Talk!

커리큘럼		회차	날짜	점수	초과 시간	약점 체크 및 학습 플랜
1주 차	반반 난이도 실력 확인 모의고사	1회 하				
		1회 상				
		2회 하				
		2회 상				
		Tip 자신의 약점을 파악했다면, 약점을 보완하기 위한 계획 세우기				
		Tip 파이널 압축서 《한 권으로 정리하는 마무리》로 약점 파트 정리하기				
2주 차	기출 변형 모의고사	1회				
		2회				
		3회				
		4회				
		Tip 온라인 모의고사 입력 시스템에서 자신의 백분위와 약점 파트 파악하기				
		Tip 《매일 국어 시즌 1》 기본 이론 편의 약점 문제 풀어 보며 정리 및 보완하기				
3주 차	기출 변형 모의고사	5회				
		6회				
		7회				
		8회				
		Tip 독해 풀이 시간이 줄어들지 않는다면? 《수비니겨 독해》로 독해 비법 파악하기				
		Tip 《독해야 산다》 시리즈로 독해 실력 업업!				
4주 차	기출 변형 모의고사	9회				
		10회				
		11회				
		12회				
		Tip 기출 변형 성적 점검! 약한 유형 파악하고 보완하기				
		Tip 《독해야 산다》 시리즈로 독해 실력 업업!				

둘째 달 START !!

기출 유형, 이제 확실히 익혔지?
이제부터는 시간을 단축하는 것을 염두에 두고
실제와 똑같은 상황에서 꾸준히 훈련하자.

커리큘럼		회차	날짜	점수	초과 시간	약점 체크 및 학습 플랜
1주 차	실전 봉투 모의고사	1회				
		2회				
		3회				
		4회				
		5회				
	Tip 더 많은 문제 풀이를 하고 싶다면? 《매일 국어 시즌 4 미니 모의고사》로 실전 감각 놓지 않기					
2주 차	실전 봉투 모의고사	6회				
		7회				
		8회				
		9회				
		10회				
	Tip 더 많은 문제 풀이를 하고 싶다면? 《매일 국어 시즌 4 미니 모의고사》로 실전 감각 놓지 않기					
3주 차	실전 봉투 모의고사	11회				
		12회				
		13회				
		14회				
		15회				
	Tip 시간을 단축하는 훈련하기 《독해야 산다》 시리즈로 독해 실력 업업!					
4주 차	실전 봉투 모의고사	16회				
		17회				
		18회				
		19회				
		20회				
	Tip 시간을 단축하는 훈련하기 《독해야 산다》 시리즈로 독해 실력 업업!					
5주 차	최종 점검 파이널 모의고사	1회				
		2회				
		3회				
		4회				
		5회				
	Tip 실전과 똑같은 환경에서 전 과목 모의고사 목표 시간 안에 풀기					

제1회 파이널 모의고사

정답표

01	④	02	④	03	④	04	③	05	④
06	②	07	①	08	②	09	②	10	③
11	③	12	③	13	③	14	②	15	①
16	②	17	③	18	④	19	④	20	④

정답과 해설

01
답 ④

| 출전 |
빌 브라이슨, 《바디, 우리 몸 안내서》

| 해설 |
제시문에 따르면, 지방이 몸에서 분해될 때 지방 단백질이라는 새로운 분자를 형성하는데, 이것은 고밀도 지방 단백질과 나쁜 콜레스테롤이라 불리는 저밀도 지방 단백질로 나뉜다. 그리고 나쁜 콜레스테롤은 혈관 벽에 달라붙어 판을 형성하는 경향이 있다. 이를 통해 나쁜 콜레스테롤은 지방이 몸에서 분해될 때 만들어지며, 혈관 벽에 쌓이는 특성이 있다는 것을 알 수 있다.

| 오답 풀이 |
① 콜레스테롤은 우리 몸의 세포 안에서 유용한 일을 하지만, 대부분이 아니라 '약 7퍼센트만'이 혈액에 떠다닌다.
② 섬유질이 콜레스테롤의 농도를 낮춘다고 했다. 그런데 섬유질은 간에 쌓인 지방을 제거해 주는 것이 아니라 당이 간에서 지방으로 전환되는 속도를 늦추는 역할을 한다.
③ 몸은 탄수화물과 지방이라는 연료를 유사한 방식이 아니라 서로 다른 방식으로 저장하고 사용한다.

02
답 ④

| 해설 |
'자문'은 '어떤 일을 좀 더 효율적이고 바르게 처리하려고 그 방면의 전문가나, 전문가들로 이루어진 기구에 의견을 물음'의 의미이므로, '자문과 의견을'에서 '의견을'은 불필요한 표현이다. '자문을 구하다' 역시 잘못된 표현이고, '자문하다'는 '…에/에게 …을 자문하다'의 형태로 쓰인다. 따라서 ㉣은 '녹색 성장 기획 연구단에 계획안을 자문하여' 정도로 적절한 목적어를 넣어 수정하는 것이 좋다.

| 오답 풀이 |
① '지양(止揚)하다'는 '더 높은 단계로 오르기 위하여 어떠한 것을 하지 아니하다'의 의미이다. ㉠의 뒤로는 ○○시가 실현하려고 하는 목표가 제시되어 있으므로, ㉠은 '어떤 목표로 뜻이 쏠리어 향하다'를 뜻하는 '지향(志向)하다'를 써서 '지향하는'으로 수정하는 것이 적절하다.
② ㉡은 지위나 신분 또는 자격을 나타내는 격 조사인 '로서'를 써서 '선도 도시로서의'로 수정하는 것이 적절하다. '로써'는 재료나 수단, 도구 등을 나타내며, '쌀로써 떡을 빚는다'와 같이 쓴다.
③ ㉢은 '과' 앞뒤의 구조를 맞추어야 하고, '방향을 추진하다'는 어색한 표현이므로 '시민의 삶의 질을 개선하고 도시의 위상을 강화해 나갈' 정도로 수정하는 것이 적절하다.

03
답 ④

| 해설 |
'遺棄(남길 유, 버릴 기)'는 '내다 버림'의 의미이므로 문맥에 맞지 않는다. 문맥상 이 문장에서는 '다른 사람과 어울리어 사귀지 아니하거나 다른 사람의 도움을 받지 못하여 외따로 떨어짐'의 의미인 '孤立[외로울 고, 설 립(입)]'이 들어가는 것이 적절하다.

| 오답 풀이 |
① 反芻(돌이킬 반, 꼴 추): 한번 삼킨 먹이를 다시 게워 내어 씹음. 또는 그런 일 / 어떤 일을 되풀이하여 음미하거나 생각함. 또는 그런 일
② 隘路[좁을 애, 길 로(노)]: 좁고 험한 길 / 어떤 일을 하는 데 장애가 되는 것
③ 脚光(다리 각, 빛 광): 사회적 관심이나 흥미

04
답 ③

| 해설 |
현진건의 〈고향〉은 일제의 수탈로 농토를 잃고 소작과 날품으로 생계를 이어 가며 여러 지역을 전전하던 우리 민족의 비참한 현실을 사실적으로 그려 낸 소설이다.
마지막에 나오는 '노래'는 수탈한 곡식을 나르기 위해 일제가 신작로를 만들고, 일제에 저항하는 지식인('말마디나 하는 친구')은 감옥에 가고, 망국의 비운을 체험한 노인('담뱃대나 떠는 노인')은 죽고, 조선의 여인들('인물이나 좋은 계집')은 유곽으로 팔려 가는 우리 민족과 국토의 수난을 표현한 것이다.

| 오답 풀이 |
① 주인공은 '그'인데 그의 성격은 주로 대화를 통한 간접 제시, 즉 보여주기의 방식으로 나타난다. 요약적 제시는 직접적으로 설명하는 방식이다.
② 이 소설은 '그'가 '나'에게 들려주는 내부 이야기, '그'와 '나'가 대화하는 외부 이야기로 나뉘는 액자식 구성을 취하고 있는데, 두 이야기 모두에서 서술자는 1인칭 관찰자인 '나'이다.
④ 이 소설은 보조적 인물인 '나'가 주동 인물인 주인공 '그'를 관찰하고 들은 바를 서술하는 1인칭 관찰자 시점으로 이루어져 있다.

05
답 ④

| 출전 |
에드워드 챈슬러, 〈이자의 고향 바빌론〉, 《금리의 역습》

| 해설 |
2문단은 첫 번째 문장 "이자는 필요와 탐욕이 결합하며 등장했다"를 상술하는 내용으로 이루어져 있다. 2문단의 뒷부분은 이 중 이자가 탐욕과 결합되어 있다는 내용을 설명한 것이다. 따라서 부의 불균등 분배로 인해 대부업자들이 이자를 청구했고, 그들은 다른 사람들이 그들에게 이자를 내면서 빌릴 수 있는 '자원을 통제하고 있었다'는 것이 문맥상 적절하다. 따라서 ㉣은 고치지 말고 그대로 두어야 한다.

| 오답 풀이 |
① ㉠ 뒤의 조난 위험에 대비한 보험료가 포함되어 있었다는 내용으로 보아, ㉠은 '다양한 리스크를 반영하여 이자율 또한 다양했다'로 고쳐야 한다.

② ⓒ 앞의 고대의 신용 네트워크가 상당히 현대적이었다는 내용으로 보아, ⓒ은 현재의 금융 중심지인 월가가 고대의 도시와 크게 다르지 않았을 것이라는 내용으로 고쳐야 한다.
③ ⓒ 뒤의 왕궁과 사원은 늦지 않게 세금과 부과금을 걷어 중요한 지출을 해야 했다는 내용으로 보아, ⓒ은 '자본이 부족했기 때문이다'로 고쳐야 적절하다.

06 답 ②

| 해설 |
㉠ 많고: [만ː코](자음 축약 - 축약)
㉡ 색연필: [색년필](ㄴ 첨가 - 첨가) → [생년필](비음화 - 교체)
㉢ 앓는: [알는](자음군 단순화 - 탈락) → [알른](유음화 - 교체)
㉣ 넓적하다: [넙적하다](자음군 단순화 - 탈락) → [넙쩌카다](된소리되기 - 교체, 자음 축약 - 축약)
㉠과 ㉣은 모두 음운의 축약이 일어난다.

| 오답 풀이 |
① ㉡・㉢・㉣은 음운의 교체가 일어나지만, ㉠은 음운의 교체가 일어나지 않는다.
③ ㉡은 음운의 첨가가 일어나지만, ㉢은 음운의 첨가가 일어나지 않는다.
④ ㉣은 음운의 탈락, 교체, 축약이 일어나 음운 변동 전보다 음운 변동 후의 음운의 개수가 줄어든다.

07 답 ①

| 출전 |
홍성욱, 〈위험, 확률과 가치〉, 수정

| 해설 |
글쓴이는 핵 폐기장 부지 선정이 '서로 다른 가치 체계를 지닌 두 당사자 간의 이해와 검토를 바탕으로 꾸준히 노력해야 할 문제'라고 주장하고 있다. 따라서 '처지를 바꾸어서 생각하여 봄'의 의미인 '易地思之(바꿀 역, 땅 지, 생각 사, 갈 지)'가 이 글이 주장하는 내용과 뜻이 통하는 한자 성어라고 볼 수 있다.

| 오답 풀이 |
② 指鹿爲馬[가리킬 지, 사슴 록(녹), 할 위, 말 마]: 윗사람을 농락하여 권세를 마음대로 함을 이르는 말. 중국 진나라의 조고가 자신의 권세를 시험하여 보고자 황제 호해에게 사슴을 가리키며 말이라고 한 데서 유래한다. / 모순된 것을 끝까지 우겨서 남을 속이려는 짓을 비유적으로 이르는 말
③ 多岐亡羊(많을 다, 갈림길 기, 망할 망, 양 양): 갈림길이 많아 잃어버린 양을 찾지 못한다는 뜻으로, 두루 섭렵하기만 하고 전공하는 바가 없어 끝내 성취하지 못함을 이르는 말 / 방침이 많아서 도리어 갈 바를 모름.
④ 乾坤一擲(하늘 건, 땅 곤, 하나 일, 던질 척): 천하를 두고 한번에 모든 것을 건다는 뜻으로, 운명을 걸고 단판걸이로 승부를 겨룸을 이르는 말

08 답 ②

| 해설 |
2문단에 따르면, 태풍의 진행 방향과 편서풍의 바람 방향이 같은가 다른가에 따라서 반원에서의 바람 세기는 달라진다. 즉 반원에서의 바람 세기는 태풍의 진행 방향과 편서풍의 바람 방향 모두에 영향

을 받는 것이지, 어느 하나에만 영향을 받는 것은 아니다.

| 오답 풀이 |
① 1문단의, 온대 저기압은 중위도 지방에서 찬 공기가 더운 공기를 밀어 상승시켜 발생하고, 열대 저기압은 저위도 지방에서 고온의 공기가 상승하여 발생한다는 내용에서 알 수 있다.
③ 2문단의, 태풍이 없는 해에 적조가 기승을 부렸으며 태풍이 오염 물질을 멀리 날려 버리는 역할을 해 준다는 데서 추론할 수 있다.
  * 적조(赤潮): 편모충류 등의 이상 번식으로 바닷물이 붉게 물들어 보이는 현상. 바닷물이 부패하기 때문에 어패류가 크게 해를 입는다.
④ 1문단의 '적도에서는 지구 자전 효과가 적어 소용돌이가 발생하기 어렵기 때문에'에서 알 수 있다.

09 답 ②

| 해설 |
백석의 〈모닥불〉은 어렵고 가난하지만 화합과 조화를 이루는 공동체적 삶을 주제로 한 시이다.
마지막 연에 할아버지의 어린 시절이 언급되고 있지만, 시적 화자의 과거 회상은 나타나지 않는다.

| 오답 풀이 |
① 평등, 공동체적 정서 등을 상징하는 '모닥불'을 통해 민족의 공동체적 삶과 비극적 역사를 드러내고 있다.
③ 1연에서는 쓸모없고 보잘것없는 존재들이 모여 모닥불이 타는 모습을 통해 공동체의 합일을 강조하고 있다. 또한 2연에서는 서로 이질적인 사람이나 동물들이 차별 없이 모닥불을 쬐는 모습을 통해 조화와 평등이라는 주제 의식을 강조하고 있다.
④ 1연에서 '새끼오리, 소똥, 개니빠디' 등의 토속적 어휘를 사용하여 향토적인 분위기를 형성하고 있다.

10 답 ③

| 출전 |
사이토 다카시, 〈이미지를 떠올리게 하는 작품을 찾아라〉, 《독서력》

| 해설 |
제시문에서는, 언어를 통해 감각을 표현할 수 있으며 이러한 감각적 표현을 사용할수록 오감이 예민해진다고 주장하고 있다. 음성 상징어와 같은 감각적 언어를 자주 접할 수 없는 미국인이 그렇지 않은 한국인과 달리 '동글동글, 보글보글' 등과 같은 감각을 이해하지 못한다는 사실은 언어적 표현이 감각 인지에 영향을 준다는 것이므로 이 글의 주장을 강화한다.

| 오답 풀이 |
① 감각 자극이 언어 발달에 영향을 미친 사례이므로 '감각을 표현한 언어가 감각 인지에 영향을 미친다'라는 이 글의 주장을 강화하지 않는다.
② 감각을 문학자가 언어로 표현함으로써 독자가 이를 비로소 손에 잡히듯이 파악할 수 있다는 이 글의 내용을 뒷받침하는 사례이므로 이 글의 주장을 강화한다.
④ 이성의 언어와 감성의 언어의 결합은 이 글의 내용과 무관하므로 이 글의 주장을 강화하지도 약화하지도 않는다.

제1회 　　　　　　　　　　　　　　　국　어　　㉮책형　　3쪽

11 답 ③
| 출전 |
KBS 명견만리 제작 팀, 《명견만리: 정치, 생애, 직업, 탐구 편》
| 해설 |
우리 사회에서 발생하는 갈등을 합의의 새로운 개념을 통해서 관리하고 해결해야 한다고 주장한 글이다.

> (다) 갈등은 분열의 도화선일 수도 있고, 통합의 씨앗일 수도 있다. → (가) 이 때문에 합의의 기술이 중요하다. → (라) 그렇다고 '합의'라는 결과만 강조하면 또 다른 억압을 동반할 수 있으므로 합의의 개념을 바꾸어야 한다. → (나) 합의는 당사자들이 공평하게 자기 권리를 주장하는 것에서부터 시작되어야 한다.

12 답 ④
| 출전 |
강성곤, 〈소리가 가진 신통한 힘〉, 《동아일보》(2023. 11. 26.), 수정
| 해설 |
과거에 서양과 동양에서 모두 공통적으로 언어의 의미를 익히기 위해서는 소리가 강조되었음을 설명한 글이다. 따라서 '언어 이해에 효과적인 소리의 힘'이 제시문의 중심 내용으로 적절하다.
| 오답 풀이 |
① 과거와 오늘날의 독서 방식을 대조적으로 제시하였지만, 이를 시대의 흐름에 따른 독서 방식의 진화라고 보기는 어렵다.
② '언어 활동'은 말하기, 듣기, 쓰기, 읽기를 포괄하는 개념으로, 제시문의 범위를 넘어서는 내용이므로 적절하지 않다.
③ 제시문만으로 시각보다 청각 효과가 더 우위에 있다고 일반화해서 말할 수는 없다.

13 답 ③
| 출전 |
신용하, 《독도 영유의 진실 이해》
| 해설 |
빈칸을 포함한 문장과 앞 문장은 '따라서'를 통해 인과적으로 연결되어 있으므로, 빈칸에는 앞 문장 내용의 결과가 와야 한다. 앞 문장의 내용은 지리적으로 울릉도의 영유 국가가 독도의 영유 국가가 된다는 것이므로, 이 글의 결론인 빈칸에는 '지리적으로도 독도는 울릉도의 영유 국가인 대한민국 영토인 것이다'가 들어가야 한다.
| 오답 풀이 |
① 빈칸의 앞에서 독도가 국제법상으로 대한민국 영토임을 판정할 근거를 제시하지는 않았다.
　* 국제법(國際法): 공존공영의 생활을 도모하기 위하여, 국가 간의 협의에 따라 국가 간의 권리·의무에 대하여 규정한 국제 사회의 법률
② 제시문에 독도가 지리적으로 울릉도의 부속 도서라는 내용은 나오지만, 둘을 하나의 섬으로 간주해야 한다는 근거는 나오지 않는다. 또한 ②는 이 글의 결론으로도 적절하지 않다.
④ 조선 시대를 근거로 제시하고 있을 뿐, 대한민국이 건국된 이후의 내용은 제시문에 나오지 않으므로 적절하지 않다.

14 답 ②
| 출전 |
채인택, 〈외교에 목마른 시대, 세 치 혀로 나라 살린 외교관 탈레랑을 기억하다〉, 《중앙일보》(2019. 7. 13.), 수정
| 해설 |
적낳게(×)·**적잖케**(×) → **적잖게**(○): 어미 '-지' 뒤에 '않-'이 어울려 '-잖-'이 될 적에는 준 대로 적는다. 〈한글 맞춤법〉 제36항(ㅣ + 아/어 → ㅑ/ㅕ)의 규정을 적용하면 '-지 않-, -치 않-'이 줄어들면 '-쟎-, -챦-'으로 표기해야 하지만 우리말에서 '쟈, 져, 챠, 쳐'로 적히는 음절은 현실 발음으로 [자, 저, 차, 처]로 소리 나는 경향이 강하므로 '-잖-, -찮-'으로 적는다. 따라서 '적지 않다'가 줄어든 말은 '적잖다'이고, '적잖게'가 바른 표기이다.
| 오답 풀이 |
① **치뤄야**(×) → **치러야**(○): '치르다'가 기본형이므로 '치르- + -어야 → 치러야'로 수정한다.
③ **절대절명**(×) → **절체절명**(○): '몸도 목숨도 다 되었다는 뜻으로, 어찌할 수 없는 절박한 경우를 비유적으로 이르는 말'인 '절체절명(絕體絕命)'이 바른 표기이다.
④ **가르킨다**(×) → **가리킨다**(○): '가르키다(×)'는 비표준어이다. 문맥상 '손가락 따위로 어떤 방향이나 대상을 집어서 보이거나 말하거나 알리다 / 어떤 대상을 특별히 집어서 두드러지게 나타내다'를 의미하는 '가리키다'를 써야 한다.

15 답 ①
| 출전 |
유종호, 〈서경 혹은 서정적 풍물〉, 《서정적 진실을 찾아서》
| 해설 |
"김광균 시 속의 도시는 30년대 한국에 실재한 도시와 함께 외국의 그림엽서에서 훔쳐 와 색칠해 넣은 관념적 모조 도시도 포함하고 있다"로 보아, 김광균의 시에 한국의 도시 풍경이 배제된 것은 아니다. 김광균에게 도시는 서구 동경의 기호였다는 내용은 나온다.
| 오답 풀이 |
② "서른 이전 젊은 날의 그가 당치 않게 어린 시절을 많이 노래한 것도 ~ 고토의 순수를 표출하려는 의지와 관련되어 있다고 생각된다"에서 추론할 수 있다.
　* **고토(故土)**: 고향 땅
③ 〈광원〉이 서경으로 시종한 소품이지만 '아득하게 넓은 벌을 철도가 '노새의 맘을 먹고 지나간다'라는 재미있는 대목에는 감상의 허위가 끼어들었'다는 데서 추론할 수 있다.
④ 신경림 시의 내포 화자가 정신적 고향 잔류자로 남아 있다는 데서 백석 시의 내포 화자와 닮았지만, 신경림 시가 백석 시와 달리 낱말 풀이가 전혀 필요치 않다는 것으로 보아 시어에서는 두 작가의 시가 차이를 보인다는 것을 추론할 수 있다.

16 답 ②
| 해설 |
(나) 작가 미상의 〈사랑이 엇써터니 ~〉는 문답의 방식으로 사랑의 역설적인 속성을 이야기한 시조이다.
종장의 "각별이 긴 줄은 모로되 끗 간 듸를 몰너라(특별히 긴 줄은 모르겠지만 끝을 모를 정도이다)"에서 사랑의 속성을 제시하고 있

지만 여기에는 언어유희적 표현이 아니라 역설법이 쓰였다.

| 오답 풀이 |
① (가) 원천석의 〈눈 마ᄌ 휘여진 디를 ~〉은 새 왕조에 대한 협력을 강요하는 세력에 맞서는 고려 유신들의 지조와 절개를 대나무에 빗대어 표현한 시조이다. "구블 절이면 눈 속에 프를소냐"에서 설의적 표현을 사용하여 절개를 굽히지 않겠다는 화자의 의지를 드러내고 있다.
③ (다) 권호문의 〈한거십팔곡(閑居十八曲)〉은 속세에서 벗어나 자연 속에서 은거하며 안빈낙도하고자 하는 소망을 읊은 연시조이다. 초장의 '조월 경운'은 달빛 아래서 낚시하고 구름 속에서 밭을 맨다는 말로, 이를 통해 은거하며 사는 생활을 표현하고 있다.
④ (라) 안민영의 〈금강 일만 이천 봉이 ~〉는 금강산의 아름다운 겨울 경치를 예찬한 시조이다. '옥이로다', '되었어라', '하노라'에서 감탄형 어조를 반복적으로 사용하여 눈이 쌓인 금강산의 절경을 예찬하고 있다.

17 ③

| 출전 |
2010학년도 4월 고3 전국연합학력평가

| 해설 |
역사 드라마는 역사적 사실을 바탕으로 해야 한다는 혜수와 달리 진구는 역사 드라마도 드라마일 뿐이라며 작가의 상상력과 시청자의 재미를 중시하고 있다. 따라서 혜수와 달리 진구는 〈조선의 오페라〉가 속한 장르인 드라마의 근원적 특성인, 작가의 상상력을 바탕으로 하며 재미를 준다는 것을 우선시하고 있는 것이다.

| 오답 풀이 |
① '나도 재미있게 보긴 했는데'에서 혜수가 진구의 의견을 일부 수용하는 모습은 나타나지만, 진구가 혜수의 의견을 수용하는 내용은 나오지 않는다.
② 진구와 혜수 모두 △△ 리서치의 결과 중 자신에게 유리한 것만 주장의 근거로 삼고 있으므로, 둘 다 통계 자료를 편향적으로 해석한 것이다.
④ 혜수가 역사 드라마의 목적이 역사 공부에 있다고 주장하는 내용은 없다. 혜수는 역사 드라마가 역사적 사실을 왜곡해서는 안 된다는 입장일 뿐이다.

18 ④

| 출전 |
2018학년도 6월 고2 전국연합학력평가

| 해설 |
2문단에 따르면, 유형거는 수레를 운용하는 사람이 손에 익은 경험을 통해 완충을 제어한다. 따라서 유형거를 다뤄 본 경험이 없는 사람이 완충 제어를 쉽게 하기는 어려웠을 것이다.

| 오답 풀이 |
① 1문단에 따르면, 애초 10년을 잡았던 화성의 공사가 2년 7개월 만에 끝날 수 있었다. 이는 성을 쌓는 돌을 운반할 때 정약용이 발명한 유형거를 이용하여 공사 기간을 단축한 덕분이다.
② 2문단에 따르면, 유형거는 짐을 쉽게 운반할 수 있을 뿐만 아니라 짐을 싣는 작업도 지렛대의 원리를 반영하여 쉽게 할 수 있도록 설계되었다.
③ 2문단에 따르면, 유형거는 소에서 얻는 주동력 외에도 싣고 있는 돌이 차상 위에서 앞뒤로 움직이면서 추진력을 더할 수 있었다.

19 ④

| 해설 |
이곡의 〈차마설(借馬說)〉은 개인적 체험을 바탕으로 '소유'에 대한 통찰을 전하고 있는 수필이자 설(說)이다.
마지막에 인용한 맹자의 말로, 모든 것은 빌린 것이니 소유에 집착하지 말아야 한다는 글쓴이의 견해를 강화하고 있다. 이를 통해 글쓴이의 논점을 새롭게 전환한 것은 아니다.

| 오답 풀이 |
① · ③ 글쓴이는 말을 빌려 탔을 때 말의 상태에 따라 심리가 변화하는 것에서 자신이 소유하고 있는 것에 대해서는 더욱 극심할 것이라고 말하면서, 자신의 경험을 소유 전반의 문제로 보편화하고 있다.
② '사람이 가지고 있는 것이 어느 것이나 빌리지 아니한 것이 없다'에서 알 수 있다.

20 ④

| 출전 |
문재완, 〈반론권과 언론의 자유 ― 국가 기관의 반론권 주체성을 중심으로〉, 《외법논집》(2023), 수정

| 해설 |
반론 보도 청구권과 정정 보도 청구권 모두 언론사 등의 위법성을 필요로 하지 않는 권리라는 내용에서 알 수 있다.

| 오답 풀이 |
① 반론 보도 청구권은 보도 내용의 진실 여부와 상관없이 행사할 수 있는 권리라는 내용과 배치된다.
② 정정 보도 청구권과 반론 보도 청구권에 대한 규정은 모두 언론중재법에 규정되어 있다고 했다.
③ 반론 보도 청구권과 정정 보도 청구권의 성격을 서로 뒤바꾸어 말한 것이다.

제2회 파이널 모의고사

정답표

01	②	02	③	03	③	04	④	05	②
06	④	07	③	08	③	09	③	10	④
11	②	12	③	13	④	14	③	15	②
16	②	17	③	18	④	19	②	20	④

정답과 해설

01 답 ②

| 출전 |

원은수, 〈그렇게 행동하고도 정말 부끄럽지 않을까?〉, 《나에겐 상처받을 이유가 없다》

| 해설 |

열등한 위치에서 남들에게 발각될 때 느끼는 감정이 수치심이라고 말하고 있다. 그러나 죄책감 역시 나의 잘못된 행동으로 인해 누군가 피해를 보면 잘못을 인지하고 자신의 행동을 뉘우치게 만드는 감정이므로, 타인과의 관계에서 발생하는 것이다. 또한 수치심을 느끼는 사람이 반성을 한다는 것은 제시문의 내용으로 알 수 있다.

| 오답 풀이 |

① 수치심은 대개 우울감, 불안감, 자괴감 등의 불편한 감정으로 이어지는데, 보통 사람들은 많은 경우 이를 수용하고 견디려고 노력한다는 내용에서 알 수 있다.
③ 나르시시스트는 불안정한 자존감으로 인해 우울감, 불안감 같은 불편한 감정을 제대로 소화하지 못하고, 폭발적인 분노감으로 변형하여 표출하는 경우가 대부분이라는 내용에서 알 수 있다.
④ "죄책감은 나 스스로 느끼는 불편한 감정으로 ~ 자신의 행동을 뉘우치게 만드는 감정이다"에서 알 수 있다.

02 답 ③

| 해설 |

김만중의 〈사씨남정기(謝氏南征記)〉는 양반 사대부인 유한림의 가정에서 벌어진 처첩 간의 갈등을 통해 축첩 제도의 문제점을 지적하고 비판한 고전 소설이다.
'한때 경계의 말을 건넨 것은 ~ 교 씨가 분한 마음을 품고 헐뜯기 시작하여'로 보아 교 씨가 사 씨를 미워하는 마음을 갖게 된 것은 사 씨가 교 씨에게 경계의 말을 건넨 일 때문이다. 따라서 교 씨는 한림이 인아를 총애하기 시작한 훨씬 이전부터 사 씨를 미워한 것이다.

| 오답 풀이 |

① "교 씨는 용모가 공손하고 언사가 온화하여 사 씨가 속으로 좋은 사람이라 여겼다", '한림이 비록 교 씨의 간악한 마음을 깨닫지 못했으나'에서 한림과 사 씨 모두 교 씨의 간악한 마음을 파악하지 못하고 있음을 알 수 있다.
② "내가 용모와 자질이 사 씨에게 ~ 그 아이가 이 집 주인이 될 것이야"에 따르면, 사 씨가 교 씨보다 나중에 아들을 낳았으나 이를 통해 사 씨가 한림의 정처이고 교 씨가 첩임을 알 수 있다. 따라서 교 씨가 낳은 아들인 장주는 인아의 형이지만 서자이기 때문에 적자인 인아에게 밀려 한림의 후계자가 되지 못할 것이다.
④ "한때 경계의 말을 건넨 것은 ~ 끝내 큰 재앙의 근원이 되었으니, 부부와 처첩 간의 일을 어찌 조심하지 않겠는가"는 서술자가 작중에 개입하여 인물과 사건에 대해 논평한 부분이다. 서술자는 첩인 교 씨가 정처인 사 씨에게 분한 마음을 품은 것에서 장차 한림의 집안에 재앙이 일어날 것임을 암시하고 있다.

03 답 ③

| 출전 |

정재엽, 〈스타트업 창업자의 전략적 리더십 효과〉, 《전략경영연구》 (2023), 수정

| 해설 |

스타트업 창업자에게 의사 결정과 리더십이 특히 중요하다는 점을 주장한 글이다.

> ⓒ 최고 경영자는 조직의 효과성을 높이는 역할을 한다. → ⓔ 따라서 최고 경영자에 따라 기업이 성과를 창출하거나 시장에서 퇴출되는 상황을 초래할 수 있다. → ⓓ 그러므로 최고 경영자의 역할은 불확실하고 경쟁이 치열할수록 더욱 중요성이 부각된다. → ⓐ 스타트업의 창업자는 불확실성이 높고 경쟁이 치열한 경영 환경에 대응하기 위해 전략적 리더 역할을 하고 있다. → ⓑ 이러한 관점에서 스타트업의 경우에도 창업자의 의사 결정과 리더십이 무엇보다 중요하다.

04 답 ④

| 해설 |

제시문은 커피 생두의 성분을 분석하는 방식을 사용하고 있다. ④ 역시 오스트레일리아의 영토를 분석하여 설명하고 있다.

| 오답 풀이 |

① 대조 ② 예시 ③ 분류

05 답 ②

| 해설 |

다르다¹은 '달라 - 다르니'와 같이 어간의 끝음절 '르'가 어미 '-아', '-어' 앞에서 'ㄹㄹ'로 바뀌는 '르' 불규칙 활용을 한다. 그러나 틀리다¹과 틀리다²는 '틀리어(틀려) - 틀리니'와 같이 규칙 활용을 한다.

| 오답 풀이 |

① 틀리다¹과 틀리다²는 소리는 같지만 의미적으로는 관련이 없는 동음이의 관계이다.
③ '서술어의 자릿수'는 서술어가 필수적으로 요구하는 문장 성분의 개수이다. 《표준국어대사전》의 문형 정보에는 주어를 제외한 용언의 필수적 성분만이 제시된다. 틀리다¹「Ⅰ」「2」에는 문형 정보가 따로 나타나 있지 않은데, 이는 틀리다¹「Ⅰ」「2」가 주어와 서술어 '틀리다'로 문장이 구성될 수 있는 한 자리 서술어임을 의미한다. 틀리다²「Ⅰ」「1」의 경우도 주어와 서술어 '틀리다'로 문장이 구성될 수 있는 한 자리 서술어이므로 틀리다¹「Ⅰ」「2」와 틀리다²「Ⅰ」「1」은 서술어의 자릿수가 같다.
④ '틀리다 [Ⅱ]「형용사」→ 다르다'은 다르다의 의미로 쓴 틀리다¹은 비표준어라는 의미이다. 따라서 '성격이 틀리다'가 아니라 '성격이 다르다'로 쓰는 것이 바른 표기이다. '다르다'는 차이를, '틀리다'는 오류를 나타낸다.

06 답 ④

| 출전 |

이상하, 〈세계관의 변화로서 진보: 뉴턴 역학과 특수 상대성 이론의 비교 연구〉, 《과학 철학》(2001)

| 해설 |

서두에서 글쓴이는 새로운 과학 이론은 과거와 결코 단절되지 않는다고 말하면서 그 예로 자파를 들고 있으므로, 자파의 세계관은 이 말과 부합하는 것이다. 자파는 음악에서 여러 패러다임은 서로 융합되는 과정에서 탈바꿈한다고 생각하므로 ㉢은 고치지 않고 그대로 두어 '(지배적인) 패러다임이란 있을 수 없고'라는 의미를 이루어야 적절하다.

| 오답 풀이 |

① 서두에서 과학 이론의 발달에 대해 '그것은 혁명인가, 아니면 진화인가?'라고 묻고 있다. 또한 팬들이 부르짖은 것이 혁명이고 자바는 이에 반박하는 말을 했다는 것으로 보아, ㉠은 '진화를'로 고쳐야 적절하다.
② 이어지는 '새로운 매체 및 사운드 속에 융합되는 과정에서 탈바꿈한다'로 보아 ㉡은 '사라지는 것이 아니라'로 고쳐야 적절하다.
③ 앞에서 자파의 음악에 대해 융합을 이야기했으므로, ㉢은 '융합했다'로 고쳐야 적절하다.

07 답 ③

| 출전 |

2013학년도 대학수학능력시험 9월 모의평가, 수정

| 해설 |

'어떠한 의사를 말이나 글로 나타내어 보임 / 검사나 검열 따위를 위하여 물품을 내어 보임'을 뜻하는 '제시'는 '提示(끌 제, 보일 시)'로 쓴다. *視: 볼 시

| 오답 풀이 |

① 要求(중요할 요, 구할 구): 받아야 할 것을 필요에 의하여 달라고 청함. 또는 그 청
② 根據(뿌리 근, 의거할 거): 근본이 되는 거점 / 어떤 일이나 판단, 주장 따위가 나오게 된 바탕이나 까닭
④ 全般(온전할 전, 옮길 반): 어떤 일이나 부문에 대하여 그것에 관계되는 전체. 또는 통틀어서 모두

08 답 ③

| 해설 |

김수영의 〈눈〉은 불순한 것을 정화하여 순수한 생명, 순수한 삶을 회복하고자 하는 소망과 의지를 형상화한 시이다. '기침을 하자', '가래를 뱉어 내자'라는 행위를 통해 동적 이미지를 느낄 수 있지만, 정적 이미지와 동적 이미지의 교차나 시상의 전환은 나타나지 않는다.

| 오답 풀이 |

① 1연에서 "눈은 살아 있다" → "떨어진 눈은 살아 있다" → "마당 위에 떨어진 눈은 살아 있다"로 '눈은 살아 있다'를 점층적으로 반복하여 눈의 순수한 생명력을 강조하고 있다.
② 순수한 생명, 순결한 양심을 상징하는 '눈'과, 불의와 부패를 상징하는 '가래'를 대립시켜 시상을 전개함으로써 순수하고 정의로운 삶에 대한 의지라는 주제 의식을 나타내고 있다.
④ '기침'으로 부정한 것인 '가래'를 뱉어 내는 행위를 통해 부정적 현실을 거부하는 화자의 의지를 나타내고 있다.

09 답 ③

| 출전 |

김태호, 〈김치냉장고의 탄생: 발효 음식, 새로운 주거 환경, 냉장 기술〉, 《식품 과학과 산업》(2023)

| 해설 |

김치를 잘 익히기 위해서는 약 4℃에서 3주 동안 두거나, 실온에서 3~4일간 보관해야 한다고 했다. 즉 김치를 알맞게 익히기 위해서는 두 가지 방법 중 하나를 택하면 되는 것이지, 두 방법을 모두 적용해야 하는 것은 아니다.

| 오답 풀이 |

① 온도가 높아 발효가 너무 빨리 되면 김치가 시게 되고, 온도가 낮으면 미생물 활동이 저하되어 김치의 아삭한 식감이 사라진다는 내용에서 알 수 있다.
② 김치를 익힌 후 오랜 기간 잘 보관하기 위해서는 약 4℃보다 낮은 온도에서 보관하되 김치가 얼지 않게 해야 한다는 내용에서 알 수 있다.
④ 김치를 응달진 뒷마당에 보관할 때 보온 효과를 위해 짚으로 장독을 싸 두기도 한다는 내용에서 알 수 있다.

10 답 ④

| 해설 |

㉡의 관형절로 안긴 문장인 '내가 어제 책을 산'은 '내가 어제 (서점에서) 책을 산'과 같이 부사어가 생략되었고, ㉢의 관형절로 안긴 문장인 '작은'은 '(침대가) 작은'과 같이 주어가 생략되었다.

| 오답 풀이 |

① ㉡의 관형절로 안긴 문장인 '내가 어제 책을 산'에는 부사어 '어제'가 있지만, ㉠의 명사절로 안긴 문장인 '그가 정직함'에는 부사어가 없다.
② ㉠에서 '그가 정직함'은 명사절로 안긴 문장이지만, ㉢에는 부사절로 안긴 문장이 없다.
③ ㉡의 관형절로 안긴 문장인 '내가 어제 책을 산'에는 목적어 '책을'이 있지만, ㉢의 관형절로 안긴 문장인 '작은'에는 목적어가 없다.

11 답 ②

| 출전 |

박현모, 〈현대 정치학〉

| 해설 |

의원 내각제가 성립하는 데 영향을 미친 로크의 정치사상과 대통령제가 성립하는 데 영향을 미친 몽테스키외의 정치사상에 대해 각각 설명한 글이다. 따라서 중심 내용으로는 '정부의 형태에 영향을 미친 정치사상'이 가장 적절하다.

| 오답 풀이 |

① 두 개의 대표적인 정부 형태가 성립되는 사상적 배경을 설명하고 있을 뿐, 그 변천 과정은 제시하지 않았다.
③ 의원 내각제와 대통령제의 사상적 배경을 설명하고 있을 뿐, 이 두 가지 정치 체제 자체를 대조한 것은 아니다.
④ 로크와 몽테스키외가 주장한 법 제정권, 집행권 등의 운용에 대한 견해들이 나올 뿐 이들이 주장한 법률에 대한 내용은 나오지 않는다.

12 답 ③

| 출전 |
2013학년도 9월 고2 전국연합학력평가, 수정
| 해설 |
원희는 자신이 사례로 든 단체가 너무 운동에만 치우친 것 같다는 수연의 말을 "하긴 운동을 다들 좋아하는 것은 아니니까"라며 수용하고 있다. 그런 뒤에 더 다양한 단체를 찾아보자는 말을 하는 것으로 보아, 자신의 의견만을 관철하려 한 것은 아니다.
| 오답 풀이 |
① 원희가 산악회와 축구 동아리를 소개하자면서 이 동아리들의 장점을 근거로 제시하는 데서 알 수 있다.
② 재민이 원희의 말을 '토요 휴무일의 취지'로 요약하고, 실제로 발표할 내용의 순서를 말하는 데서 알 수 있다.
④ 수연이 원희의 사례가 너무 운동에만 치우쳤다고 지적하고 "다양한 사례가 필요하지 않을까?"라고 의견을 덧붙이는 데서 알 수 있다.

13 답 ④

| 출전 |
2016학년도 4월 고3 전국연합학력평가, 수정
| 해설 |
④에서는 〈조건〉 ㉰의 내용 중, 도시 광산 산업의 활성화에 따른 기대 효과만 언급했을 뿐 도시 광산 산업의 부차적 이득은 언급하지 않았으므로 적절하지 않다.
| 오답 풀이 |
① 도시 광산 산업의 성장 배경은 도시 광산 산업에 대한 기본적인 이해를 돕는 정보이므로 〈조건〉 ㉮에 부합한다.
②·③ 본론의 2-ⓐ와 3-ⓐ(ⓒ), 2-ⓑ(ⓛ)와 3-ⓑ는 각각에 부합하는 원인과 활성화 방안이므로 적절하다.

14 답 ③

| 해설 |
맥락상 개인이 공과금을 금융 기관에 '내는' 것인데, '접수'는 '신청이나 신고 따위를 구두(口頭)나 문서로 받음'의 의미이므로 적절하지 않다. 하지만 '수납'도 '돈이나 물품 따위를 받아 거두어들임'의 의미이므로 고쳐 쓴 문장도 적절하지 않다. '세금이나 공과금 따위를 관계 기관에 냄'의 의미인 '납부'를 써서 '지정 기관에 납부하지 않으면'으로 고치는 것이 적절하다.
| 오답 풀이 |
① '공사가'라는 주어는 '시작되다'라는 서술어와만 호응하기 때문에 '개통되다'에 호응하는 주어가 없다. 따라서 '지하철이 언제 개통될지'와 같이 적절한 주어를 넣어 고친 것은 적절하다.
② 주어와 서술어의 호응이 맞지 않으므로 '그의 장점은 ~ 최선을 다한다는 것이다'로 고친 것은 적절하다.
④ '과' 앞뒤의 문장 구조를 맞춰 '균형 있는 식단을 마련하고'로 고친 것은 적절하다.

15 답 ②

| 해설 |
월명사의 〈제망매가(祭亡妹歌)〉는 이른 나이에 죽은 누이를 추모하며 지은 10구체 향가이다.
화자는 누이의 죽음으로 인해 삶의 허무함을 느끼며 슬퍼하다가 마지막 두 구에서 도를 닦아 미타찰(극락세계)에서 죽은 누이와 재회하겠다고 다짐하고 있다. 따라서 화자가 있는 지상(地上)이라는 삶의 공간과 '미타찰'이라는 죽음 이후의 공간이 대비되고 있다. 또한 화자는 죽은 누이와 미타찰에서 다시 만날 수 있다는 종교적 믿음에 기대어 삶의 무상감을 극복하려 하고 있다.
| 오답 풀이 |
① 대화의 형식은 쓰이지 않았다.
③ "아야 미타찰아 맛보올 나 / 도 닷가 기드리고다"의 영탄적 표현으로 시를 마무리하고 있다. 이는 종교적 믿음으로 슬픔을 극복하고자 하는 화자의 태도를 보여 주는 것이므로 체념의 태도와는 거리가 멀다.
④ ㉠ '뜨러딜 닙(떨어질 잎)'은 화자가 아니라 갑작스러운 누이의 죽음 또는 죽은 누이를 비유한 것이다. "ᄒᆞᄃᆞᆫ 가지(한 가지)라 나고"는 누이와 화자가 같은 부모에게서 태어난 존재임을 비유적으로 표현한 시구이므로 ㉡ 'ᄒᆞᄃᆞᆫ 가지'는 화자와 시적 대상의 관계를 표현한 것이다.

16 답 ②

| 해설 |
'눈곱'은 복합어이므로 〈한글 맞춤법〉 제5항의 적용을 받지 않는다. 따라서 [눈꼽]으로 발음하지만, '눈곱'으로 적는다. 나머지 ①·③·④는 모두 바르게 이해한 것이다.

17 답 ③

| 출전 |
서지용, 〈리볼빙 잔고 변화가 카드사의 재무적 여건에 미친 영향 연구〉, 《사단법인 한국신용카드학회》(2022)
| 해설 |
2문단에, 리볼빙 서비스를 이용하는 소비자의 낮은 신용 평점이 가계 부채의 질을 악화시킬 수 있다는 내용이 있다. 즉 리볼빙 서비스를 이용하는 금융 소비자의 신용 평점이 낮아서 가계 부채의 질이 나빠질 수 있다는 것이지, 리볼빙 서비스를 이용함으로써 신용 평점이 낮아진다는 것은 아니다.
| 오답 풀이 |
① 1문단의, 리볼빙 서비스에 높은 수수료가 부과되는 것은 맞지만 리볼빙 서비스는 연체 적용이 되지 않는다는 내용에서 추론할 수 있다.
② 1문단의, 리볼빙 서비스가 신용 카드 이용액 중 일부를 결제한 후 나머지 결제해야 되는 금액은 다음 월로 이월하는 서비스라는 내용에서 추론할 수 있다.
④ 2문단의, 2021년 초부터 물가 상승이 본격화되면서, 한국은행이 기준 금리를 인상하는 통화 긴축 정책을 시작하였다는 내용에서 추론할 수 있다.

* **국책 은행(國策銀行)**: 국책에 의하여 설립·운영하는 은행. 한국은행, 한국 산업 은행, 수출입 은행 따위가 있다.

18

답 ③

| 출전 |
이재경, 〈「의료법」 제24조의 2 의료 행위에 관한 설명은 환자의 자기 결정권 보호에 기여하는가?〉, 《의생명과학과 법》, 수정

| 해설 |
제시문에는 가정적 조건문의 후건 부정식이 나타난다. 즉 '진료 과실이 인정되면 (의사는) 재산적·정신적 손해를 (환자에게) 배상해야 한다'라는 가정적 조건문에서, 후건을 부정(환자에게 배상을 하지 않아도 된다)하여 전건을 부정(진료 과실이 인정되지 않았다)하는 결론을 내리고 있다. ③에서도 '안전모를 쓴다면 치명적인 부상은 입지 않는다'라는 가정적 조건문에서 후건을 부정해 전건을 부정하는 결론을 내리고 있다.

| 오답 풀이 |
① '지구는(p는) 연평균 온도가 계속 상승하고 있다(q이다) - 우리나라는(r은) 지구에 속한다(p이다) - 따라서 우리나라는(r은) 연평균 온도가 계속 상승할 것이다(q이다)'로 전개되는 정언 삼단 논법이 쓰였다.
② 날실과 씨실의 관계에서 유추하여 전통과 현대가 서로 상호 작용하고 있다는 결론을 내리고 있다.
④ 미국 또는 러시아 중 러시아가 아니라는 전제를 통해 '우리나라의 결승전 상대는 미국이다'라는 결론을 내리고 있다. 이는 'p 또는 q이다 - q가 아니다 - 따라서 p이다'인 선언 삼단 논법이 쓰인 것이다.

19

답 ②

| 출전 |
2023년도 국가 공무원 5급 공채 등 필기시험, 지문 발췌

| 해설 |
빈칸에는 구텐베르크의 금속 활자와는 달리, 조선에서 금속 활자가 민간에서 거의 수용되지 않았던 이유가 들어가야 한다. 빈칸 뒷부분을 보면, 조선에서는 한자로 쓰인 책을 금속 활자로 인쇄했는데, 한자는 표의 문자이므로 10만 자가 넘는 활자 수가 필요하였다. 반면 구텐베르크의 금속 활자로 인쇄한 책은 라틴어로 쓰인 책인데 라틴어는 소리글자(표음 문자)여서 필요한 활자 수가 수백 자를 넘지 않는다. 즉 인쇄할 책에 사용된 문자 유형에 따라 인쇄에 필요한 활자 수가 크게 차이가 나고 이에 따라 생산 비용도 차이가 나서 구텐베르크의 금속 활자와 달리 조선의 금속 활자는 민간에서 거의 수용되지 않았던 것이다. 따라서 빈칸에는 '표의 문자와 표음 문자라는 문자 유형의 차이이다'가 들어가야 적절하다.

| 오답 풀이 |
① 금속 활자로 한자가 쓰인 책을 인쇄할 때와 라틴어가 쓰인 책을 인쇄할 때 생산 비용에서 차이가 난다는 사실을 알 수 있다. 하지만 인쇄물의 생산량에서 차이가 난다는 것은 제시문의 내용만으로는 알 수 없다.
③ 제시문을 통해 구텐베르크의 금속 활자 발명에 상업적 동기가 작용했음을 추측할 수 있다. 하지만 조선의 경우에 금속 활자 발명에 상업적 동기가 작용했는지 여부는 제시문의 내용만으로는 알 수 없다.
④ 금속 활자로 한자가 쓰인 책을 인쇄할 때와 라틴어가 쓰인 책을 인쇄할 때 인쇄에 필요한 활자 수가 크게 차이가 난다는 사실을 알 수 있다. 하지만 활자를 만드는 재질은 둘 다 금속으로 같다.

20

답 ④

| 해설 |
이호철의 〈탈향(脫鄕)〉은 부산을 배경으로 하여 월남한 실향민의 애환을 그린 전후 소설이다. 한국 전쟁 도중 같은 고향에서 피란 나온 네 사람이 부산에서 부두 노동을 하면서 벌어지는 이야기를 다루고 있다.
작중 인물인 '나'가 서술자로 직접 관찰한 내용을 자신의 주관적 판단과 함께 서술하고 있다. '나나 두찬이나 하원이는 광석이의 이런 꼴을 멀끔히 남 바라보듯 바라다봐야 했다. 광석이는 ~ 날이 갈수록 자신만만해졌다', '두찬이는 저대로 뒤틀리는 심사를 지닌 채 다른 궁리를 차리는 모양이었다' 등은 서술자인 '나'의 시각에서 광석과 두찬의 심리를 추측하여 전하는 부분이다.

| 오답 풀이 |
① 작중 인물인 '나'가 서술자이지만 자신이 관찰한 사건에 대한 주관적 판단을 함께 서술하고 있으므로 사건을 객관적으로 전달한다고 볼 수 없다.
② 작품의 시대적 배경을 나타내는 특정한 소재는 등장하지 않는다.
③ '그 꼴사나움은 이루 말할 수 없어' 등으로 보아 광석과 나, 두찬, 하원의 갈등은 심화되고 있다고 볼 수 있다.

제3회 파이널 모의고사

정답표

01	③	02	③	03	③	04	①	05	④
06	④	07	①	08	④	09	③	10	②
11	④	12	④	13	④	14	③	15	③
16	①	17	③	18	③	19	④	20	②

정답과 해설

01 답 ③

| 출전 |
염재호, 〈AI 시대의 상상력〉, 《중앙일보》(2023. 11. 29.)

| 해설 |
인공 지능으로 인해 인간이 일하지 않고 놀이하며 살아갈 것이라고 미래 상황을 예측하고 있지만 이에 대한 비판적 인식은 드러나지 않는다.

| 오답 풀이 |
① 세계 경제 포럼의 〈일자리의 미래 2023〉 보고서를 언급하여 챗GPT의 등장으로 기존 일자리의 23%가 사라질 것이라고 말하는 데서 알 수 있다.
② 제러미 리프킨과 요한 하위징아의 말을 언급하는 데서 알 수 있다.
④ 1940년대 미국의 노동 시간과 현재 유럽의 노동 시간을 대비하는 데서 알 수 있다.

02 답 ③

| 출전 |
이승은·고문현, 〈기상 현상과 기후〉, 《기후 변화와 환경의 미래》

| 해설 |
마지막 문단에 따르면, 지구 온난화로 인해 고위도 지역에는 호우가 자주 발생하며, 아열대와 낮은 중위도 사이에는 건조한 기간이 증가한다. 그러나 온난화가 저위도 지역에 미치는 영향에 대한 내용은 제시문에 나오지 않으므로, 저위도 지역과 고위도 지역의 온난화 영향을 비교할 수는 없다.

| 오답 풀이 |
① 1문단의, 온실가스 증가로 지구가 충격을 받게 되어 극한 기후의 발생 횟수가 늘어난다는 데서 알 수 있다.
② 2문단에 따르면, 온난화에 의해 비가 많이 오는 지역에서는 더욱 많은 비가 내리게 될 것이다.
④ 마지막 문단의, 호우는 더욱 강하고 자주 발생할 것이며 이는 물 자원 관리 및 홍수 조절에 중요한 영향을 미칠 수 있다는 내용에서 알 수 있다.

03 답 ③

| 해설 |
'드리다'는 객체인 '아버지'를 높이는 특수 어휘이다.

| 오답 풀이 |
① ㉠은 특수 어휘인 '계시다'를 사용하여 주체인 '부모님'을 높이고 있다.
② ㉡은 '가셨어요(가시었어요)'에서 선어말 어미 '-시-'를 사용하여 주체인 '어머니'를 높이고 있고, 특수 어휘인 '모시다'를 사용하여 객체인 '할아버지'를 높이고 있다.
④ ㉣은 종결 어미 '-습니다'를 사용하여 청자인 '선배님'을 높이고 있고, 특수 어휘인 '뵙다'를 사용하여 객체인 '선생님'을 높이고 있다.

04 답 ①

| 출전 |
2015학년도 경희대학교 모의 논술(의학), 수정

| 해설 |
가정적 조건문인 'p이면 q이다'에서 전건(p)과 후건(q)을 각각 충분조건과 필요조건이라고 부른다. 즉 q가 성립하기 위해서 p가 아닌 다른 조건을 더 필요로 하지 않고 p가 성립하는 것으로 충분할 때, p를 q이기 위한 충분조건이라고 한다. 또한 q가 성립한다고 해서 p가 반드시 성립하는 것은 아니지만 p가 성립하기 위해서는 적어도 q가 반드시 성립할 필요가 있을 때, q를 p이기 위한 필요조건이라고 한다.
㉠ '결과로부터 원인을 추론할 수는 있지만 그 역은 불가능한' 경우를 설명하는 내용이 들어가야 한다. '폐결핵에 걸렸다면 ~ 나타난다고 볼 수는 없다'에 따르면, 폐결핵 균(원인)은 폐결핵(결과)을 일으키는 최소한의 조건이고, 폐결핵 균만 있다고 해서 폐결핵 증상이 나타나는 것은 아니므로 ㉠에는 '필요조건이지만 충분조건은 아닌 경우'가 들어가야 한다.
㉡ "많은 사람들이 ~ 흡연 경험이 있는 것은 아니다"에 따르면, 흡연을 해도 폐암에 걸리지 않은 사람들이 있으므로 흡연은 폐암의 충분조건이 아니다. 또한 폐암에 걸린 사람이라고 다 흡연 경험이 있는 것은 아니므로 흡연은 폐암의 필요조건이 아니다. 따라서 ㉡에는 '필요조건도, 충분조건도 아닌 경우'가 들어가야 한다.

05 답 ④

| 해설 |
'오금(을) 박다'는 '큰소리치며 장담하던 사람이 그와 반대되는 말이나 행동을 할 때에, 장담하던 말을 빌미로 삼아 몹시 논박하다 / 다른 사람에게 함부로 말이나 행동을 하지 못하게 단단히 이르거나 으르다'의 의미이다. 따라서 '단서를 제공하다'의 뜻으로 쓰는 것은 적절하지 않다.

| 오답 풀이 |
① **덜미(를) 잡히다**: 못된 일 따위를 꾸미다가 발각되다.
② **감투(를) 쓰다**: 벼슬자리나 높은 지위에 오름을 속되게 이르는 말
③ **어깨가 가볍다**: 무거운 책임에서 벗어나거나 그 책임을 덜어 마음이 홀가분하다.

06 답 ④

| 해설 |
정약용의 〈기예론(技藝論)〉은 청나라의 선진 기술 도입을 주장한 논설문이다.

(가)에서 중국의 선진 기예를 배우려고 노력하지 않는 우리나라의 모습을 제시한 뒤, (나)에서 유구와 일본의 기예 습득에 대한 노력을 예로 들고 있다. 이러한 (가)와 (나)를 고려할 때, 중국과 대등한 국력을 가지자는 것이 아니라 유구와 일본처럼 우리나라도 중국의 문물을 적극 수용해야 한다는 주제를 이끌어 낼 수 있다.

| 오답 풀이 |

① (가)에서는 서울에서 기예를 배운 후 더 이상 노력을 하지 않은 시골 사람의 이야기를 들어 우리나라 백공들이 더 이상 중국의 새로운 기예를 배우려고 하지 않는 모습을 비판하고 있다.
② (나)에 나타나는 유구와 일본의 사례는 (가)에 제시된, 중국의 선진 기예를 더 이상 수용하지 않는 우리나라의 사례와 대조적이다. 또한 (나)에서 유구와 일본은 중국의 선진 기예를 적극적으로 수용하여 강력한 국가가 되었음을 밝혀 '중국 선진 기예의 적극적 수용의 필요성'이라는 주장의 타당성을 강조하고 있다.
③ (가)의 "우리나라에 있는 ~ 계획을 세우지 않았다"와 (나)의 "옛날에는 ~ 배워 가기를 힘썼다" 등에서 역사적 사실을 근거로 들어 중국의 선진 기예를 배우기 위해 노력해야 한다는 주장을 뒷받침하고 있다.

07

답 ①

| 해설 |

'更新'은 '경신(고칠 경, 새로울 신)'과 '갱신(다시 갱, 새로울 신)'으로 쓰이는데, '어떤 분야의 종전 최고치나 최저치를 깨뜨림'의 의미로는 '경신'이 바른 표기이다. '갱신'은 '이미 있던 것을 고쳐 새롭게 함. =경신 / 법률관계의 존속 기간이 끝났을 때 그 기간을 연장하는 일 / 기존의 내용을 변동된 사실에 따라 변경·추가·삭제하는 일'의 의미이다.

| 오답 풀이 |

② 게재(揭載: 들 게, 실을 재)(○): 글이나 그림 따위를 신문이나 잡지 따위에 실음.
③ 혼동(混同: 섞을 혼, 같을 동)(○): 구별하지 못하고 뒤섞어서 생각함. / 서로 뒤섞이어 하나가 됨.
④ 결재(決裁: 결정할 결, 마를 재)(○): 결정할 권한이 있는 상관이 부하가 제출한 안건을 검토하여 허가하거나 승인함.

08

답 ④

| 출전 |

정의길, 〈유럽의 지정학과 1차 그레이트 게임〉, 《지정학의 포로들》

| 해설 |

유럽의 지리적 특징과 지리적 구획을 통한 직항로 개척과 대륙 발견에 대해 설명한 글이다.

> ⓒ 유럽은 다양한 지리적 구획의 지리적 특성을 가지고 있다. → ⓔ 이러한 지리적 특징 덕분에 유럽은 해양 세력의 전통을 일구었다. → ⓑ 또한 지리적 구획은 유럽 국가들의 해양 진출을 촉진했다. → ⓒ 이는 직항로 개척과 대륙의 발견으로 이어졌다. → ⓐ 지리상의 대발견은 서유럽을 해양 세력의 중심지로 탈바꿈시켰다.

09

답 ③

| 해설 |

박수진 각본·윤제균 각색의 〈국제 시장〉은 흥남 철수, 파독 광부, 월남 전쟁, 이산가족 찾기 등 현대사의 우여곡절 속에서 시련을 겪어 온 주인공의 삶을 통해 가족을 위해 굳세게 살아온 평범한 사람들의 이야기를 그린 시나리오이다.

과거에 벌어진 사건을 재현한 장면은 제시문에 나오지 않는다. 노인인 덕수는 아버지를 떠올리며 그리워하다가 아버지를 만나는 환상 속에서 어린아이가 되어 아버지에게 지난 삶의 힘겨움을 토로하고 있다. 덕수가 환상 속에서 아버지를 만나 서럽게 울며 아버지가 보고 싶었다고 말하는 장면은 덕수의 지난 삶이 그만큼 힘겹고 고단한 것이었음을 드러내 준다.

| 오답 풀이 |

① 힘겨웠던 지난 삶과 아버지에 대한 그리움으로 작은방에서 홀로 오열하는 덕수와 달리, 거실에 모인 덕수의 가족들은 행복하고 단란한 한때를 보내고 있다. 이렇듯 대조적인 인물들의 모습을 통해 아버지를 끝내 만나지 못하는 덕수의 슬픔과 한이 얼마나 절실한 것인지 부각되고 있다.
② "카메라 틸 다운하면 6·25 흥남 철수 때, 아버지가 입혀 준 낡고 초라한 외투가 클로즈업된다"에서 알 수 있다.
  * **클로즈업(close-up)**: 등장하는 배경이나 인물의 일부를 화면에 크게 나타내는 일
④ 한국 전쟁(흥남 철수) 때 이별할 당시의 모습으로, 즉 어린 덕수와 젊은 모습의 덕수 아버지가 현재의 시점에서 만나는 것은 현실에서는 일어날 수 없는 일이다. 이는 노인이 된 덕수가 끝내 아버지를 만나지 못한 슬픔을 이기지 못해 환상 속에서나마 아버지를 만나 오열하는 장면으로 볼 수 있다. 그리고 이러한 극적 장면을 통해 관객은 덕수가 평생 동안 지녀 온 슬픔과 한이 아버지와의 이별에서 비롯된 것임을 알 수 있게 된다.

10

답 ②

| 출전 |

2017학년도 3월 고3 전국연합학력평가, 수정

| 해설 |

②는 "청소년의 전자 상거래는 우후죽순처럼 증가할 것이다"에서 비유적 표현과 청소년의 전자 상거래 이용에 관한 전망이 나타난다. 또한 "그렇다면 ~ 시행되어야 하지 않을까?"에는 설의적 표현이 쓰였으며, "우리 모두가 함께 노력해야 할 것이다"에는 노력에 동참할 것을 촉구하는 내용이 나온다.

* **우후죽순(雨後竹筍)**: 비가 온 뒤에 여기저기 솟는 죽순이라는 뜻으로, 어떤 일이 한때에 많이 생겨남을 비유적으로 이르는 말

| 오답 풀이 |

①·③ 청소년의 전자 상거래 이용에 관한 전망이 나오지 않는다.
④ 설의적 표현과 비유적 표현이 쓰이지 않았다.

11

답 ③

| 해설 |

작가 미상의 〈동동(動動)〉은 임과 이별한 여인의 심정을 월별에 따른 자연 변화와 세시 풍속에 맞춰 노래한 고려 가요로 월령체 노래의 효시이다.

(다)에 불가능한 상황 설정은 나타나지 않는다. (다)에서 화자는 임과 함께 할 때에라야만 진정한 가배(한가위)라며 임의 부재로 인해 명절날의 흥겨움을 누리지 못하는 슬픔을 나타내고 있다.

| 오답 풀이 |

① (가)에서 화자는 임의 고매한 인품을 '등ㅅ블'에 비유하여 예찬

② (나)에서 화자는 봄이 되면 잊지 않고 찾아오는 '꾀꼬리 새(꾀꼬리)'와 나를 잊은 '녹사님'을 대비하여 임을 기다리는 슬픔과 깊어지는 외로움을 드러내고 있다.
④ (나)에서 화자는 자신을 잊고 오지 않는 임을 그리워하고 있다. (다)의 화자 또한 임과 함께 해야만 진정한 한가로움이라고 말하는 것으로 보아, 함께 있지 않은 임을 그리워하고 있는 것이다.

12
답 ④

| 해설 |
서술어의 자릿수는 서술어가 필수적으로 요구하는 문장 성분의 개수이다. 《표준국어대사전》의 문형 정보에는 주어를 제외한 용언의 필수적 성분만이 제시된다. '되다'는 '…이 되다'의 형태로 쓰이는 두 자리 서술어이고, '닮다'도 이 문장에서는 '…과 닮다'의 형태로 쓰이는 두 자리 서술어이다.

| 오답 풀이 |
① ㉠의 '정부에서'의 '에서'는 단체를 나타내는 명사 뒤에 붙어 앞말이 주어임을 나타내는 주격 조사로 쓰인 것이므로, '정부에서'의 문장 성분은 주어이다. ㉡의 '교실에서'의 '에서'는 앞말이 행동이 이루어지고 있는 처소의 부사어임을 나타내는 부사격 조사로 쓰인 것이므로, '교실에서'의 문장 성분은 부사어이다.
② '주다'는 '…에/에게 …을 주다'의 형태로 쓰이는 세 자리 서술어이므로 '친구가(주어), 나에게(필수 부사어), 선물을(목적어) 주었다(서술어)'가 필수적인 문장 성분이다.
③ '공무원이'는 서술어인 '되었다'를 보충해 주는 보어이다. 보어는 '되다', '아니다' 앞에 오는 문장 성분으로, 보격 조사인 '이/가'나 보조사를 취한다.

13
답 ④

| 출전 |
박주헌, 〈재생 에너지, 성장 동력 되기 힘든 까닭〉, 《한국경제》 (2023. 8. 21.)

| 해설 |
㉠ 전기는 투입물이 무엇이든 전기만 생산되는데 이는 재생 에너지로 생산한 전기도 마찬가지이므로, 전기 산출물의 가치는 에너지 전환으로 변하지 않는다는 문맥이다. 따라서 원인과 결과를 밝혀 주는 '그러므로, 따라서'가 들어가야 적절하다.
㉡ 재생 에너지의 산출을 위한 투입 비용이 늘어난 상황이 병렬적으로 이어지는 자리이므로 '게다가, 또한, 더욱이'가 들어가야 적절하다.
㉢ 전전화로 인해 부가 가치 총량이 늘어나기도 하지만 전전화는 부가 가치 증가분을 상쇄하기도 한다는 문맥이다. 따라서 상반된 내용을 이어 주는 '그러나, 하지만'이 들어가야 적절하다.
㉣ 부가 가치가 줄어든다는 내용을 다른 측면에서 강조하는 내용이 이어지므로 '그리고, 한편으로는'이 들어가야 적절하다.

14
답 ③

| 출전 |
오윤정, 〈청소년의 고카페인 에너지 음료 섭취 실태 및 부작용 경험〉

| 해설 |
2문단에, 지속적으로 섭취한 고카페인 에너지 음료가 여러 질병을 발생시키고 심각하게는 사망까지 초래한다는 내용이 있다. 이를 사례로 든 사람들이 10대와 20대라는 것만으로, 에너지 음료가 특히 젊은 층에게 치명적인 질병을 야기한다고 일반화해서 말할 수는 없다.

| 오답 풀이 |
① 1문단의, 에너지 음료를 에너지 증진, 각성, 집중력 향상 그리고 운동 수행 능력 향상 등의 목적으로 섭취하게 된다는 내용에서 알 수 있다.
② 2문단의, 카페인은 중추 신경계와 말초 신경계를 자극하는 작용이 있어 신경계를 활성화함으로써 피로를 감소시키고 공부와 운동을 할 때 집중력과 활동력을 향상시키는 장점이 있다는 내용에서 알 수 있다.
④ 1문단의, 고카페인 음료란 ml당 0.15mg 이상의 카페인을 함유하고 있는 음료를 의미하는데 시중에 판매되는 에너지 음료는 평균 58.1mg의 카페인을 함유하고 있다는 내용에서 알 수 있다.

15
답 ③

| 출전 |
유시민, 《내 머리로 생각하는 역사 이야기》

| 해설 |
글쓴이는, 인간은 불완전한 존재이기 때문에 역사의 종착점을 미리 내다볼 수 없지만 진보 그 자체를 부정할 수는 없음을 전제하고 있다. 이를 바탕으로, 진보란 당면한 과제를 인식하고 불합리한 사상과 제도를 고쳐 나가는 인간의 가능성에 대한 믿음을 의미한다는 것을 결론적으로 밝히고 있다.

| 오답 풀이 |
② 인간이 상황을 변화시킬 가능성을 가지고 있다는 것을 뒷받침하는 내용이므로 중심 내용으로는 적절하지 않다.
④ 인류의 보편적인 이상과 진보의 관계에 대해 논하는 내용은 제시문에 나오지 않는다.

16
답 ①

| 해설 |
신경림의 〈동해 바다 — 후포에서〉는 일상적인 체험을 바탕으로 성찰과 반성의 태도를 드러낸 시이다.
1연에서 화자는 타인에게는 엄격하고 자신에게는 너그러웠던 지난 삶을 반성하고 있다. 2연에서는 '동해 바다'의 넓고 푸른 모습을 보면서 타인에게 너그럽고 자신에게 엄격한 삶에 대한 소망을 드러내고 있다. 즉 과거에 대한 회상 후 앞으로의 삶에 대한 다짐을 하고 있으므로 시간의 흐름은 나타나지만, 공간의 이동은 나타나지 않는다.

| 오답 풀이 |
② "티끌만 한 ~ 때가 많다"에서 '티끌 - 맷방석 - 동산'으로 이어지는 점층적 표현을 사용하여 타인이 저지른 잘못을 크게 인식하여 받아들이는 자신의 부정적 모습을 성찰하고 있다.
③ 2연의 '~처럼 ~ㄹ 수는 없을까', '~은(는) ~로 ~면서' 등에서 유사한 문장 구조를 반복하여 운율감을 드러내고 있다.
④ 남에게 너그럽지 못한 화자 자신을 비유한 '돌'과 포용적이고 너그러운 '동해 바다'의 속성을 대조하여 타인에게 너그러운 삶을 살고자 하는 소망(주제)을 부각하고 있다.

17 답 ③

| 해설 |
ⓒ '갖은'은 '골고루 다 갖춘. 또는 여러 가지의'의 뜻으로 쓰이는 관형사이다.
ⓒ '모든'은 '빠짐이나 남김이 없이 전부의'의 뜻으로 쓰이는 관형사이다.
ⓜ '무슨'은 '사물을 특별히 정하여 지목하지 않고 이를 때 쓰는 말'인 관형사이다.

| 오답 풀이 |
㉠ '다른'은 형용사 '다르다'의 활용형으로도, '당장 문제되거나 해당되는 것 이외의. ≒딴'을 뜻하는 관형사로도 쓰일 수 있다. 이 문장에서는 '(생각이) 다르다'와 같이 서술성을 지니고 있으므로 형용사이다.
㉣ '그런'은 형용사 '그렇다'의 활용형으로도, '상태, 모양, 성질 따위가 그러한'을 뜻하는 관형사로도 쓰일 수 있다. 이 문장에서는 '(사정이) 그렇다'와 같이 서술성을 지니고 있으므로 형용사이다.

18 답 ③

| 출전 |
2013학년도 연세대학교 수시논술(사회계), 수정

| 해설 |
제시문에는 정확하고 유효한 자기 평가를 하는 것보다 자신에 대한 긍정적 편향이 실제로 정신 건강에 더 좋다는 논지가 나타난다. 이는 자신을 긍정적으로 평가하는 사람이 객관적으로 평가하는 사람보다 더 행복하다는 것이므로 이에 대한 문제 제기로는 ③이 가장 적절하다.

| 오답 풀이 |
① 자신에 대한 긍정적 편향을 갖기 위한 방법에 대한 질문은 제시문의 논지를 인정하는 것을 전제로 한다. 따라서 이는 제시문의 문제 제기로 적절하지 않다.
② 개인주의자의 행복은 제시문의 논지와 무관하다.
④ 긍정적 환상을 가진 학생들이 그렇지 않은 학생들보다 역경에 대해 더 나은 대응을 한 사례이므로 제시문의 논지를 뒷받침한다.

19 답 ④

| 출전 |
2022학년도 6월 고2 전국연합학력평가

| 해설 |
마지막 문단에 따르면, 담당 기관은 품종 보호 출원이 접수되면 그 출원 내용을 홈페이지 등을 통해 일반인에게 공개한다. 또한 심사관이 최종적으로 품종 보호를 결정하면 육성자가 담당 기관에 품종 보호료를 납부해야 품종 보호권이 설정된다. 이를 통해 품종 보호 출원을 담당하는 기관이 맡는 업무를 알 수 있다.

| 오답 풀이 |
① 1문단에 따르면, 품종 보호권을 얻으려면 신규성, 구별성, 안정성이라는 품종 보호 요건이 충족되는지 검토해야 한다. 그중 신규성은 '해당 품종이 품종 보호 출원일 이전의 일정 기간에 상업적 이용이 없을 때만 인정'되는데, 과수의 수확물인 열매는 국내에서 1년 이상 국외에서 6년 이상일 경우에 인정된다. 따라서 개량한 과수의 열매를 품종 보호 신청 전에 국내에서 1년 이상 판매했다면 신규성 요건이 충족되지 않으므로 품종 보호 요건을 충족할 수 없다.
② 마지막 문단에 따르면, 심사관은 품종 보호 요건 중 신규성은 '서류 심사'로, 구별성과 안정성은 '재배 심사'로 파악한다. 따라서 재배를 통해 '신규성'을 확인한다는 설명은 적절하지 않다.
③ 2문단에 따르면, 재외자가 거주 국가와 우리나라 모두에서 품종 보호권을 얻고 싶다면 두 나라에 각각 품종 보호를 출원해야 한다. 거주 국가에서 품종 보호를 출원한다고 해서 자동으로 우리나라에서 품종 보호가 출원되는 것은 아니다.

20 답 ②

| 해설 |
갑 1문단에 따르면, 식물 신품종 보호법에 따라 품종 보호권을 얻으려면 품종 보호 요건인 신규성, 구별성, 안정성을 모두 충족해야 한다. 이 중 구별성은 기존의 품종과 확연하게 구별되는 점이 있어야, 안정성은 반복적으로 증식해도 품종의 특성이 변하지 않아야 인정된다. 갑이 개발한 포도 종자는 구별성은 인정되었지만, 안정성은 인정되지 않았다. 따라서 이러한 포도 종자로 품종 보호권을 얻을 수 있었다는 갑의 말은 거짓이다.
을 1문단에 따르면, 식물 신품종 보호법은 '신품종', 즉 육성자가 개량한 식물을 대상으로 그 권리를 인정해 주는 제도이다. 따라서 식물 신품종 보호법이 '토착 식물'을 관리·보호하는 데 결정적 역할을 했다는 을의 말은 거짓이다.

| 오답 풀이 |
병 마지막 문단에 따르면, 육성자가 품종 보호 출원을 접수하면 접수 내용이 홈페이지에 일정 기간 공개되어 '누구든지' 품종 보호 요건을 위반했는지를 확인한다. 이 과정에서 이의 신청이 없으면 전문 심사관이 품종 보호 요건을 심사한다. 따라서 '품종 보호 요건을 심사하는 주체가 다양'하다는 병의 말은 참이다.

제4회　국　어　㉮책형　13쪽

제4회 파이널 모의고사

정답표

01	②	02	③	03	③	04	③	05	②
06	②	07	④	08	②	09	①	10	④
11	④	12	②	13	①	14	③	15	②
16	④	17	④	18	③	19	②	20	③

정답과 해설

01
답 ②

| 해설 |
현수는 음식을 시키는 상황에서 "그런데 여기 좀 비싼 데 아닌가요, 선배님?", "여기 반찬은 셀프네요" 등 엉뚱한 말을 하고 있으므로 ㉥ '관련성의 격률'을 위반했다. 그러나 현수가 '화자 자신에게 혜택을 주는 표현을 최소화하고 자신에게 부담이 되는 표현을 최대화하라'는 ㉡ '관용의 격률'을 위반한 내용은 없다.

| 오답 풀이 |
① 정민은 "짬뽕보단 짜장면이 더 맛있어 보입니다"에서 ㉠ '양의 격률'을, 선배의 제안을 바로 거절함으로써 ㉢ '동의의 격률'을 위반하였다.
③ 선배는 정민을 칭찬하는 말을 해서 ㉣ '칭찬의 격률'을 지켰다. 그러나 '둘이 먹다 하나 기절할 맛'에서 '근거가 불충분한 것은 말하지 말라'는 ㉤ '질의 격률'을 위반하였다.
④ 모호하거나 중의적인 표현을 한 사람은 없으므로 ㉦ '태도의 격률'을 위반한 사람은 없다.

02
답 ③

| 해설 |
작가 미상의 〈화산중봉기(華山重逢記)〉는 부인의 지조와 절개를 통해 남편의 진위를 확인하는 내용을 그린 송사 소설이다.
선옥을 찾지 못한 형옥은 선옥과 똑같이 생긴 흥룡을 발견하자 그를 선옥이라 속여 데려가려고 흥룡을 감언이설로 설득하고 있다. 즉 형옥이 흥룡을 꼬여서 숙부를 속이려 하는 것이다.

| 오답 풀이 |
① 형옥이 흥룡에게 부귀영화를 누릴 수 있다며 설득하는 것이 자신의 잘못이 들통날까 봐서라는 정보는 나오지 않는다.
② 형옥은 수년간 선옥을 찾지 못하자 선옥이 이미 죽었을 것이라 짐작하고 있을 뿐, 선옥이 이미 죽었다는 사실을 확인한 바는 없다.
④ 형옥은 흥룡이 선옥과 용모가 똑같으니 숙부에게 선옥인 척해 달라고 부탁하는 것이지 숙부의 수양아들이 되어 달라고 부탁하는 것은 아니다.

03
답 ③

| 해설 |
온라인 저널리즘에서 공론의 형성을 위해 '선택으로부터의 자유'가 요구된다고 주장한 글이다.

온라인 저널리즘에서는 시장의 기제가 새로운 규제 방식으로 작용해야 한다. → ㉣ 그런 의미에서 선택의 자유보다 선택으로부터의 자유를 고려해야 한다. → ㉠ 선택의 자유만 누리려 한다면 사람들은 재미있는 뉴스만 찾게 된다. → ㉡ 그러다 보면 재미없고 딱딱한 뉴스는 외면할 것이다. → ㉢ 그러나 이러한 뉴스는 공론을 형성하는 바탕이 된다. → ㉤ 그러므로 선택으로부터의 자유가 요청된다. → 온라인 저널리스트에게는 공론을 형성할 책임이 있다.

04
답 ③

| 출전 |
〈장내 미생물로 초기 치매 환자 찾는다〉, 《동아사이언스》, (2023. 6. 15.)

| 해설 |
제시문에서는 치매 초기 환자들의 장내 미생물이 건강한 사람들과 다르다는 연구 결과를 소개하고 있다. 이 연구 결과를 활용하면 장내 미생물 분석으로 초기에 치매 진단이 가능할 것으로 추론할 수 있다.

| 오답 풀이 |
① 장내 환경 변화가 치매의 원인인지는 알 수 없기 때문에 유산균이 치매 예방에 도움이 될 것이라는 추론은 적절하지 않다.
② 제시문의 연구 결과만으로 치매 초기 환자의 뇌 구조 변화가 장내 환경에 영향을 미쳤는지 아닌지는 추론할 수 없다.
④ 뇌 스캔·뇌척수액 검사로 치매 진단은 할 수 있지만, 검사가 더 늘어날 것인지 여부는 제시문의 내용만으로 추론할 수 없다.

05
답 ②

| 해설 |
'높푸르다'의 '높-'은 접두사가 아니라 형용사의 어근이다. '높푸르다'는 용언을 이어 주는 연결 어미가 생략된 비통사적 합성어이므로 ㉡의 예로 적절하지 않다. '짓밟다'는 '마구', '함부로', '몹시'의 뜻을 더하는 접두사 '짓-'이 동사 '밟다'의 어근에 붙은 경우이므로 ㉡의 예로 적절하다.

| 오답 풀이 |
① '군침'은 '쓸데없는'의 뜻을 더하는 접두사 '군-'이 명사 어근인 '침'에 붙은 경우이고, '개살구'는 '야생 상태의' 또는 '질이 떨어지는', '흡사하지만 다른'의 뜻을 더하는 접두사 '개-'가 명사 어근인 '살구'에 붙은 경우이므로 모두 ㉠의 예로 적절하다.
③ '새빨갛다 : 시뻘겋다'는 '매우 짙고 선명하게'의 뜻을 더하는 접두사 '새-'와 '시-'가 각각 형용사인 '빨갛다'와 '뻘겋다'의 어근에 붙어 새로운 단어를 만든 경우이므로 ㉡의 예로 적절하다. 또한 접두사 '새-'와 '시-'는 같은 의미이지만 형태가 다르므로 ㉢의 예로도 적절하다. 접두사 '새-/시-, 샛-/싯-'은 뒤에 오는 말에 따라 구별된다. 된소리, 거센소리, 'ㅎ' 앞에는 '새-/시-'가, 유성음 앞에는 '샛-/싯-'이 결합한다. 이 중 '새-, 샛-'은 뒷말이 양성 모음일 때, '시-, 싯-'은 뒷말이 음성 모음일 때 결합한다.
④ '몹시'의 뜻을 더하는 접두사 '강-'이 동사 '마르다'의 어근에 붙었을 때 형용사 '강마르다'로 품사가 바뀌므로 ㉣의 예로 적절하다.

06 답 ②

| 해설 |
글쓴이는, 개인적 도구의 소리가 타인의 권리를 침해하는 것을 방지하기 위해 공공장소의 소음 규제와 같은 소극적 규제와 사운드스케이프와 같은 적극적 전략이 필요하다고 주장하고 있다. 즉 글쓴이는 개인적 도구의 소리가 타인에게 영향을 미치기 때문에 사운드스케이프가 필요하다고 본 것이다.

| 오답 풀이 |
① 마지막 문단의, 사운드스케이프는 소리의 문화적 가치를 통해 문화 공간을 창출하는 것이라는 데에서 알 수 있다.
③ 2~마지막 문단에 따르면, 사운드스케이프는 사람들의 귀를 즐겁게 하는 소리를 통해 분위기를 조성하는 공간 연출 기법이자, 지역 공동체의 특성과 문화적 정체성을 담은 공간을 연출하는 것이다. 따라서 사운드스케이프를 이용하는 사람들은 소리를 통한 즐거움이나 문화적 다양성을 느낄 수 있다.
④ 2문단의 '소음을 규제하는 ~ 적극적인 전략이 필요하다'에서 알 수 있다.

07 답 ④

| 출전 |
김찬호, 《눌변》

| 해설 |
'스톡데일 패러독스'는 ㉠처럼 보이는 ㉡이다. 패러독스는 역설을 뜻하므로 ㉠과 ㉡은 서로 모순되는 말이 오는 것이 적절하다.
㉠ '희망을 갖는 사람', '궁극적으로는 승리할 것이라는 태도'라는 진술로 보아, ㉠에는 '세상과 인생을 희망적으로 밝게 보는 생각이나 태도'를 뜻하는 '낙천주의, 낙관주의'가 들어가야 적절하다.
㉡ '현실을 있는 그대로 직시'라는 진술로 보아, ㉡에는 '현실의 조건이나 상태를 그대로 인정하며 그에 입각하여 사고하고 행동하는 태도'라는 뜻의 '현실주의'가 들어가야 적절하다.

08 답 ②

| 출전 |
2020년도 민간경력자 PSAT 언어 논리, 지문 발췌 및 수정

| 해설 |
㉠은 제시문에 나타난 결론이다. 제시문은 '절대적인 가치 판단 문장은(p는) 도덕적 평가 기준 또는 행위의 규범을 표현한다(q이다) – 필요한 전제 – 따라서 ㉠ 절대적인 가치 판단은(p는) 과학적 테스트를 통한 입증의 대상이 될 수 없다(r이다)'로 정리할 수 있다. 이는 '만일 p이면 q이다 – 만일 q이면 r이다 – 따라서 만일 p이면 r이다'인 가언 삼단 논법으로 이해할 수 있다. 따라서 '도덕적 평가 기준 또는 행위의 규범은(q는) 과학적 테스트를 통한 입증의 대상이 될 수 없다(r이다)'가 필요한 전제로 가장 적절하다.

| 오답 풀이 |
① 경험적 진술은 모두 과학적 테스트가 가능하다. '절대적인 가치 판단은 경험의 대상이 아니'라는 것은 '절대적인 가치 판단은 과학적 테스트가 불가능하다'라는 결론에 이미 포함된 것이므로 ㉠을 도출하기 위한 전제로 적절하지 않다.
③ 경험적 진술은 관찰을 통해 테스트할 수 있는 주장이다. '절대적인 가치 판단을 ~ 주장을 표현하지 않는다'라고 했으므로 ③은 이와 배치된다.
④ ㉠을 후건 부정하여 전건 부정한 것이다. 즉 결론을 바탕으로 한 추론에 해당한다.

09 답 ①

| 해설 |
(가) 정철의 〈속미인곡(續美人曲)〉은 영원히 변치 않는 연군의 정을 여성적 어조로 노래한 가사이다. (나) 황진이의 〈동지ㅅ둘 기나긴 밤을 ~〉은 우리말의 묘미를 잘 살려 임에 대한 사랑과 절실한 그리움을 노래한 시조이다.
(나)에는 '동지ㅅ둘, 춘풍' 등 계절감이 드러나는 시어가 나오지만, (가)에는 계절감을 드러내는 시어가 쓰이지 않았다.

| 오답 풀이 |
② (가)에는 임을 만나기 위해 낙월이 되겠다는 화자와, 이에 대해 달이 아니라 굳은비가 되라고 조언하는 또 다른 화자 간의 대화가 나타난다. 그러나 (나)의 화자는 한 명뿐이다.
③ (나)는 추상적 관념인 밤을 베어 이불 아래 넣는다는 표현에서 추상적 관념을 사물처럼 구체화해 표현하고 있다. 그러나 (가)에 이러한 표현은 나타나지 않는다.
④ (가)의 '출하리 싀여디여 낙월이나 되야이셔 님 겨신 창 안히 번드시 비최리라'에 죽어서 임의 방 창문을 비추는 달이라도 되어 임과 재회하고 싶은 화자의 의지가 나타난다. (나)의 화자는 밤을 이불 속에 넣었다가 "어론 님 오신 날 밤이여든 구뷔구뷔 펴리라"라고 말하여 임과 재회하고 싶은 의지를 드러내고 있다.

10 답 ④

| 출전 |
고등학교 《통합과학》 교과서, 미래엔

| 해설 |
우리 선조들이 사용한 신소재인 방짜에 대해 설명한 글이다. 기존 물질의 단점을 보완하거나 새로운 성질을 가진 물질을 신소재라고 하는데, 우리 선조들이 독특한 합금 기술로 만든 방짜 역시 신소재라고 할 수 있다. 따라서 제목으로 '우리 선조들이 사용한 신소재, 방짜'가 가장 적절하다.

| 오답 풀이 |
① 범위가 너무 넓어 적절하지 않다. 제시문은 우리 선조들의 독특한 합금 기술로 만든 신소재인 방짜에 초점을 두고 있다.
② 부분적으로 제시된 내용일 뿐이다.
③ 방짜 유기의 단점은 제시문에 나오지 않는다.

11 답 ④

| 출전 |
2007년도 행정·외무고시 / 견습 직원 1차 시험, 지문 발췌

| 해설 |
1문단에 따르면, 엔지니어는 기술과 관련된 윤리적 문제가 발생할 때 비윤리적인 상사의 지시를 그대로 따르지 않고 고민하는 모습을 보인다. 그러나 엔지니어가 기술과 관련된 윤리적 문제에 대한 책임 의식이 약하다는 내용은 제시문에 나오지 않는다.

| 오답 풀이 |
① 3문단의 "가장 큰 이유는, 기술은 가치중립적이고, 엔지니어는 기술을 생산하고 운용만 한다고 생각하기 때문이다"에 제시되어 있다.

② 마지막 문단의 '기술과 관련된 중요한 문제들이 이를 전혀 알지 못하는 정치가나 ~ 엔지니어들은 중요한 의사결정에서 소외되어 자신의 책임을 다하지 못한다'에서 기술과 관련된 전문 지식을 갖춘 엔지니어가 기술 활용에 대한 사회적 의사결정에 참여하지 못하고 있는 현실을 알 수 있다.
③ 1문단의 "엔지니어들이 소속된 집단은 거대화되고 조직화되어 있고, ~ 비윤리적인 것일 때 발생한다"에 엔지니어를 심각한 딜레마에 빠지게 하는 사회적 조건(피고용인이어서 상사의 지시에 따라야 함.)이 제시되어 있다. 또한 2문단의 '엔지니어가 저지르는 기술적 오류는 막대한 사회적 피해를 가져올 수 있다'에 엔지니어를 심각한 딜레마에 빠지게 하는 직업적 특성이 제시되어 있다.

12

답 ②

| 출전 |
서정혁, 《공정하다는 착각의 이유, 원래는 능력의 폭정》
| 해설 |
'공동체의 공공 서비스'와 관련된 용어는 '공공선'이다. 그러나 샌델이 궁극적으로 강조하는 것은 '공동선'이므로 샌델이 공동체의 공공 서비스 수준 향상을 궁극적 목표로 삼았다고 보기 어렵다.
| 오답 풀이 |
① 샌델은 공동선을 강조하면서, 어떤 상황을 중립적으로 서술할 때나 다른 입장을 소개할 때 공공선을 사용한다. 또한 '롤스는 ~ '공동선'보다 '공공선(공익)'이라는 용어를 훨씬 더 자주 사용한다'에서 롤스도 공동선과 공공선이라는 용어를 둘 다 사용함을 알 수 있다.
③ 공동선[common good]에서 common은 '함께 더불어 누림'의 의미가 강하며, 어떤 공동체의 공동선은 해당 공동체의 본질적 목적이라는 데에서 알 수 있다.
④ 롤스는 정의로운 사회의 기본 구조를 세우기 위해 공동선보다 공공선[public good]을 훨씬 자주 사용한다.

13

답 ①

| 해설 |
조지훈의 〈동물원의 오후〉는 자유를 박탈당한 식민지 지식인의 슬픔을 드러낸 시이다.
화자는 '사람으로 더불어 말할 수 없는 슬픔'을 하소하기(=하소연하기) 위해 동물원의 '짐승'을 보러 가지만, 짐승을 통해 갇혀 있는 것은 자신이었음을 인식하게 된다. 따라서 '짐승'은 식민지 지식인인 화자의 비통함을 심화하는 대상이다. 그러나 화자가 동물들을 보며 현실 극복 의지를 다지는 모습은 나오지 않는다.
| 오답 풀이 |
② '쇠창살, 철책, 창살' 등은 모두 동물원의 짐승들을 가두는 한편, 화자가 스스로 갇혔다고 여기게 하여 짐승들과 화자 사이를 가로막고 있다. 이는 '쇠창살, 철책, 창살' 등에 단절과 속박의 의미를 부여한 것이다.
③ 화자가 동물원에 갇힌 짐승들을 보는 것이 아니라 철책 안에 갇힌 화자를 짐승들이 바라보고 있는 상황이다. 이는 대상인 짐승과 화자의 (갇혀 있고 들여다보는) 상황을 전도한 표현이다.
④ '통곡과도 같은'에 직유가, '낙조'에 하강 이미지가 나타난다. 이를 통해 나라 없는 화자의 비통한 심정을 표현하고 있다.
  * **낙조(落照)**: 저녁에 지는 햇빛 / 지는 해 주위로 퍼지는 붉은빛

14

답 ③

| 해설 |
이름에서 일어나는 음운 변화는 표기에 반영하지 않으므로 '홍빛나'는 'Hong Bitna'로 적되, 'Hong Bit-na'로 적는 것도 허용한다.

15

답 ②

| 해설 |
이겨냈다(허용)/이겨∨냈다(원칙): '본용언 + -아/-어 + 보조 용언'의 구성인 경우, 띄어 씀을 원칙으로 하되 경우에 따라 붙여 씀도 허용한다.
| 오답 풀이 |
① 올듯도∨하다(×) → 올∨듯도∨하다(○): '관형사형 + 보조 용언(의존 명사 + -하다/-싶다)' 구성의 경우, 의존 명사 뒤에 조사가 붙을 때에는 보조 용언 구성이 아니라 의존 명사와 용언의 구성이므로 붙여 쓸 수 없다.
③ 떠내려∨가∨버렸다(×) → 떠내려가∨버렸다(○): '떠내려가다'는 한 단어이므로 붙여 쓴다. 본용언이 복합어일 때 그 활용형이 2음절인 경우에만 보조 용언을 붙여 씀을 허용하는데 '떠내려가다'는 합성어이고 그 활용형이 4음절이므로 '떠내려가∨버렸다'로만 써야 한다.
④ 아는체∨했다(×) → 아는∨체했다(○)(원칙)/아는체했다(○)(허용): '아는∨체하다'는 '관형사형 + 보조 용언(의존 명사 + -하다/-싶다)' 구성이므로 띄어 쓰는 것이 원칙이나 경우에 따라 붙여 씀도 허용한다.

16

답 ④

| 해설 |
④는 '서서'를 부당하게 강조하여 오류가 발생한 것이므로 '강조의 오류'를 범한 것이다. 강조의 오류란 문장의 한 부분을 부당하게 강조함으로써 생기는 오류를 말한다.
| 오답 풀이 |
① 한 번의 행동을 근거로 하여 그 사람의 성격을 일반화하고 있으므로 '성급한 일반화의 오류'를 범한 예이다.
② '입이 가볍다'의 두 가지 의미를 혼동해서 사용하고 있으므로 '애매어 사용의 오류'를 범한 예이다.
③ '빠르면 생존에 유리하다', '잘 생존하려면 빨라야 한다'는 식으로 같은 말을 원인과 결과만 바꾸어 되풀이한 것이므로 '순환 논증의 오류'를 범한 예이다.

17

답 ④

| 출전 |
김정숙, 〈문학 작품과 디지털 기술과의 융합〉, 《한국 문화 이론과 비평학회》(2023)
| 해설 |
㉣은, 디지털 시대에는 문학의 작가와 독자의 경계가 무너졌다는 내용을 설명하는 것이므로 '수평적 관계'를 고치지 말고 그대로 두어야 한다.
| 오답 풀이 |
① ㉠ 뒤에 '그러나'로 시작하여 디지털 환경이 변화를 가져왔다는 내용이 이어지므로 앞에는 변화가 없었다는 의미가 나와야 한

다. 따라서 ㉠은 '거의 대동소이하다'로 고쳐야 적절하다.
② 디지털 환경에서의 문학은 변화를 겪고 있지만 아날로그 방식의 문학은 변화하지 못하고 있다는 내용이므로 ㉡은 '제자리걸음하는'으로 고쳐야 한다.
③ 디지털 환경에서의 문학과 아날로그 문학의 차이가 점점 더 벌어진다는 문맥이므로 ㉢은 '벌려 놓았고'로 고쳐야 한다.

18 답 ③

| 출전 |
이선경, 〈세계인들이 놀라는 한국인의 독특한 심성은〉, 《한겨레》 (2024. 1. 3.)

| 해설 |
20여 년 전에는 한국이라는 나라에서 공연을 하는지도 모르는 사람이 있었지만 지금은 K-열풍이 전 세계로 빠르게 퍼져 나가고 있다는 내용과 자연스럽게 연결되어야 한다. 따라서 ㉠에는 '오래지 않은 동안에 몰라보게 변하여 아주 다른 세상이 된 것 같은 느낌'을 뜻하는 '隔世之感(막을 격, 세대 세, 갈 지, 느낄 감)'이 들어가는 것이 가장 적절하다.

| 오답 풀이 |
① 南柯一夢(남녘 남, 가지 가, 하나 일, 꿈 몽): 꿈과 같이 헛된 한때의 부귀영화를 이르는 말. 중국 당나라의 순우분이 술에 취하여 홰나무의 남쪽으로 뻗은 가지 밑에서 잠이 들었는데 괴안국의 부마가 되어 남가군을 다스리며 20년 동안 영화를 누리는 꿈을 꾸었다는 데서 유래한다.
② 自繩自縛(스스로 자, 줄 승, 스스로 자, 묶을 박): 자기의 줄로 자기 몸을 옭아 묶는다는 뜻으로, 자기가 한 말과 행동에 자기 자신이 옭혀 곤란하게 됨을 비유적으로 이르는 말
④ 識字憂患(알 식, 글자 자, 근심 우, 근심 환): 학식이 있는 것이 오히려 근심을 사게 됨.

19 답 ②

| 해설 |
㉠ '일을 계획하여 시작하거나 펼쳐 놓다'의 의미로는 '벌이다'가 바른 표기이다.
㉡ '겉으로 보고 대강 짐작하여 헤아리다'의 의미로는 '겉잡다'가 바른 표기이다.
㉢ '입맛을 당기게 하다'의 의미로는 '돋우다'가 바른 표기이다.

| 오답 풀이 |
㉠ 벌리다: 둘 사이를 넓히거나 멀게 하다. / 껍질 따위를 열어 젖혀서 속의 것을 드러내다. / 일을 하여 돈 따위가 얻어지거나 모이다.
㉡ 걷잡다: 한 방향으로 치우쳐 흘러가는 형세 따위를 붙들어 잡다. / 마음을 진정하거나 억제하다.
㉢ 돋구다: 안경의 도수 따위를 더 높게 하다.

20 답 ③

| 출전 |
강신익, 《의학 오디세이》

| 해설 |
1문단의, "그는 비록 증상이 같다 해도 사람의 유형이 다르면 다른 약을 써야 한다고 주장했다"에서 사상 의학이 병증의 유사함보다 개개인의 차이를 우선시해서 병을 치료해야 한다고 생각했음을 알 수 있다.

| 오답 풀이 |
① 2문단의 '현실 세계에서는 이런 성인이 거의 없고'로 보아 현실에 기가 한쪽으로 치우친 사람만 존재한다고 본 것은 아니다.
② 1문단에 따르면, 오장육부가 아니라 네 장부(간장·비장·폐장·신장)를 중심으로 사람의 유형을 나눈다.
④ 2문단에 따르면, 병이 생겼을 때는 증상을 바로잡는 것이 급한 처치이지만 궁극적인 치료법은 천성의 단점을 수양하는 것이다. 즉 병이 났을 때 천성부터 먼저 수양해야 한다고 주장한 것은 아니다.

제5회 파이널 모의고사

정답표

01	④	02	③	03	④	04	②	05	④
06	①	07	④	08	①	09	④	10	③
11	②	12	④	13	①	14	④	15	②
16	②	17	④	18	③	19	③	20	③

정답과 해설

01 답 ④

| 출전 |

정성필, 〈태양 에너지 기반 물 생산과 담수화 기술 사례 분석 및 제언〉, 《적정기술학회지》(2023)

| 해설 |

해수가 지하수로 침투하는 문제로 인하여 지하수에 해수가 섞여 지하수를 사용하기 어려워졌다는 문맥이므로 ㉣을 '지하수를 사용하기 어려워진 실정이다'로 수정하는 것은 적절하다.

| 오답 풀이 |

① 운반 급수를 상시적으로 활용하기 어려운 이유가 ㉠에 들어가야 하므로, '물 운반 비용이 크게 발생하기 때문에'를 수정하지 말고 그대로 두어야 한다.
② 농업에 많은 물이 필요하지만 농산물 생산이 가능한 이유가 ㉡에 들어가야 한다. 따라서 '비가 많이 오며, 지하수 저장량도 컸기 때문에'를 수정하지 말고 그대로 두어야 한다.
③ 해수면의 상승으로 인한 결과가 ㉢에 들어가야 하므로, '해수가 지하수로 침투하게 되었다'를 수정하지 말고 그대로 두어야 한다.

02 답 ③

| 해설 |

작가 미상의 〈운영전(雲英傳)〉은 남녀 간의 지고지순하고 비극적인 사랑 이야기를 그린 고전 소설이다.
㉠은 운영이 쓴 한시로, 운영은 진사와 '월하의 인연'이 없는 것을 한탄하며 "거문고를 타니 한이 줄에서 우네"라고 읊조리고 있다. 이는 운영 자신이 궁녀의 신분이기 때문에 진사와 사랑을 이룰 수 없어 비통해하는 것이며 이를 거문고 줄에 투사하여 표현한 것이다.

| 오답 풀이 |

① "베옷 입고 가죽띠 두른 선비 / 옥 같은 얼굴은 신선 같구나 / 매양 주렴 사이로 바라보건만"에서 진사를 흠모하는 운영의 마음을 직접적으로 표현하고 있다.
② 운영이 진사와 맺어질 수 없는 이유는 ㉠에 제시되어 있지 않다.
④ "매양 주렴 사이로 바라보건만"은 진사를 그리워하는 운영의 마음이 드러나는 행위이고, "머리 들어 다만 하늘에 하소연하느니"는 진사와의 사랑을 이루게 해 달라는 운영의 간절한 마음이 드러나는 행위이다. 즉 운영이 진사를 사랑하는 마음을 단념하는 것은 아니다.

03 답 ④

| 해설 |

정한숙의 〈고가(古家)〉는 구한말부터 한국 전쟁 후까지를 배경으로 하여 장동 김씨 문중이 몰락하는 과정을 통해 종가 제도의 해체와 폐해를 다룬 소설이다.
병렬적 구성이란 여러 사건들이 서로 관련 없이 각각 독립적으로 제시되는 것을 뜻한다. 하지만 제시문에는 숙부의 죽음에 절망한 숙모의 죽음이라는 인과 관계가 시간의 흐름에 따라 구성되어 있을 뿐, 여러 사건들이 독립적으로 제시되어 있지는 않다.

| 오답 풀이 |

① "필재는 ~ 이 집이 까닭 없이 무섭기만 했다", "필재는 처음 자기 귀를 의심해 보았다" 등으로 보아 작품 밖의 서술자가 작중 인물인 필재의 심리를 모두 알고 서술하고 있으므로 전지적 작가 시점이 사용되었다.
② '식구들은 그냥 불안한 얼굴로 쳐다볼 뿐이고 숙모님만이 자기 방에서 머리를 풀고 혼자 곡소리를 내고 울 뿐이었다', "필재는 그대로 문을 박차고 나섰다" 등과 같이 숙부의 죽음으로 인해 조성된 집안의 불길한 분위기를 인물의 심리와 행동을 통해 나타내고 있다.

04 답 ②

| 출전 |

이순근, 〈힘인가? 지략인가? 민심인가?〉

| 해설 |

마지막 문단에 따르면, 왕건의 경제 안정 정책은 왕건이 정변에 성공한 뒤, 즉 고려라는 새로운 나라를 건국한 후 실시한 대민 정책이므로 새로운 나라를 세우는 데에 경제 안정 정책이 영향을 미쳤다는 진술은 적절하지 않다.

| 오답 풀이 |

① 1문단의, 왕건이 초기에 궁예의 휘하에 들어가 당시 한반도의 정세 변화를 정확히 판단하고 기민하게 행동하여 자신의 세력 기반을 궁예의 휘하에서 성공적으로 확대했다는 내용에서 알 수 있다.
③ 2문단의, 지방 세력가들과 마찬가지로 토착 세력이었던 왕건은 적시에 포용 정책을 내세웠고, 이것은 당시 지방 세력가들을 규합할 수 있는 아주 적절한 대책으로 큰 영향력을 발휘했다는 내용에서 알 수 있다.
④ 마지막 문단의, 사회·경제적 실정과 민심의 이반으로 인해 실패했던 궁예와 달리 왕건이 내놓은 정책들은 그가 자기 시대에 대한 정확한 역사의식을 가지고 있었음을 보여 준다는 내용에서 알 수 있다.

05 답 ④

| 출전 |

조중혁, 〈작가와의 인터뷰〉, 《인공 지능 생존 수업》 / 정운찬, 〈'작은 정부'와 재정 준칙에 갇혀서는 안 된다〉, 《중앙일보》(2023. 9. 20.) / 이보현, 〈사람은 자기와 비슷한 사람을 신뢰한다〉, 《코미디닷컴》(2023. 8. 9.)

| 해설 |

제시문에서는 산사태에 대비하는 경우에서 인공 지능 때문에 직업이 사라지는 것을 대비하는 경우를 유추하여 설명하고 있다. ④ 역시 야구를 통해 신경 전달 물질의 이동을 설명하고 있으므로 유추의 방식이 사용되었다.

| 오답 풀이 |
① 서사 ② 비교 ③ 과정

06 답 ①

| 출전 |
한솔이, 〈북유럽처럼 '라테 파파의 나라'가 되려면〉, 《한스경제》(2018. 7. 16.)

| 해설 |
2문단에, 스웨덴과 노르웨이 남성의 육아 휴직 기간과 그 기간 동안의 급여 지급 비율이 나와 있다. 그러나 휴직 기간보다 급여 보전이 남성의 육아 휴직 참여율을 높이는 데 영향을 준다는 것은 제시문의 내용으로는 추론할 수 없다.

| 오답 풀이 |
② 마지막 문단에서, 북유럽 국가들의 남성 육아 휴직 활성화 노력은 출산율 증가로 이어졌음을 알 수 있다.
③ 1문단의, 20년 전만 해도 스웨덴에서 육아는 여성의 몫이었지만, 스웨덴은 1974년에 부모 육아 휴직 제도를 도입했고, 노르웨이는 1993년에 아버지 할당제를 시작했다는 내용에서 알 수 있다.
④ 2문단의, 스웨덴에서는 부부가 육아 휴직을 동등하게 나눠 사용하면 '양성 평등 보너스'까지 제공한다는 데서 알 수 있다.

07 답 ④

| 출전 |
2012학년도 10월 고3 전국연합학력평가

| 해설 |
진행자는 "음악이나 영화에서 표절 논란이 있을 때마다 ~ 의견 차이가 있잖습니까?"에서 대중문화 분야에서의 표절 문제를 언급하고 있다. 그러나 대중문화 분야와 학계의 표절 기준이 공통된다고 말한 것은 아니다.

| 오답 풀이 |
② 교수가 논문 표절이 근절되지 않는 이유를 표절에 관대한 사회적 풍토 때문이라고 말하는 데서 알 수 있다.
③ 교수가 논문 표절을 뿌리 뽑기 위한 해결책으로 연구자들의 윤리 의식 제고와 논문 표절 시비를 가려내기 위한 정부 기구의 설치를 드는 데서 알 수 있다.

08 답 ①

| 해설 |
'비교적'은 명사로도, 관형사로도, 부사로도 쓰인다. 두 문장에서 쓰인 '비교적'은 모두 뒤에 오는 용언을 수식하는 부사로 쓰였다. '비교적'이 명사로 쓰일 때에는 '비교적인 연구'와 같이 뒤에 조사가 붙고, '비교적'이 관형사로 쓰일 때에는 '비교적 연구'와 같이 뒤에 오는 체언을 수식한다.

| 오답 풀이 |
② '다섯'은 수사로도, 관형사로도 쓰인다.
  • <u>다섯</u> 조각으로: 뒤에 오는 체언을 수식하는 관형사이다.
  • <u>다섯</u>이나: 뒤에 조사가 붙었으므로 수사이다.

③ '밝다'는 동사로도, 형용사로도 쓰인다.
  • 날이 <u>밝기</u>도: '밝기'는 '날이 밝다'와 같이 서술성이 있으므로 용언의 명사형이다. 품사는 '밤이 지나고 환해지며 새날이 오다'의 의미로 쓰인 동사이다.
  • <u>밝은</u> 빛을: '불빛 따위가 환하다'의 의미로 쓰인 형용사이다.
④ '크다'는 동사로도, 형용사로도 쓰인다.
  • 가구가 <u>커서</u>: '사람이나 사물의 외형적 길이, 넓이, 높이, 부피 따위가 보통 정도를 넘다'의 의미로 쓰인 형용사이다.
  • 나무가 <u>크지</u>: '동식물이 몸의 길이가 자라다'의 의미로 쓰인 동사이다.

09 답 ④

| 해설 |
㉠·㉡ 수직적인 조직 문화가 꼭 나쁜 것만은 아니지만 문제가 있다는 문맥이다. 즉 '물론 ~이다. 하지만 ~이다'의 구조로 된 글로, 글쓴이가 하고자 하는 말은 '하지만' 뒤에 있다. 따라서 ㉠에는 '물론'이, ㉡에는 '그러나, 그런데, 하지만'이 들어가야 적절하다.
㉢ 앞의 내용을 바탕으로 하여 만장일치가 잘못된 길을 선택한 것은 아닌지 되돌아보아야 한다는 결론을 이끌어 내고 있으므로 '그래서, 따라서'가 들어가야 적절하다.
  * **상명하복(上命下服)**: 위에서 명령하면 아래에서는 복종한다는 뜻으로, 상하 관계가 분명함을 이르는 말
  * **만장일치(滿場一致)**: 모든 사람의 의견이 같음.

10 답 ③

| 출전 |
리처드 플로리다, 〈젠트리피케이션〉, 《도시는 왜 불평등한가》

| 해설 |
도시 지역의 성장 및 변화 과정을 설명한 글이다.

> 더 넓은 역사적 배경에서 젠트리피케이션을 바라봐야 한다. → ㉢ 긴 시간의 틀은 도시의 지역 변화를 더 명확하게 볼 수 있도록 한다. → ㉤ 도시 지역의 통시적 변화 → ㉡ 이런 변화 과정은 자연스러운 발전 과정이다. → ㉠ <u>또한</u> 도시의 지역들이 변화할 때 내부도 바뀐다. → ㉣ 외부에서는 똑같아 보여도 그 안에서는 큰 변화가 일어나는 것이다.

11 답 ②

| 출전 |
김수진·정승호, 〈카페인이 인체에 미치는 영향〉, 《한국 외식 산업 학회지》(2017), 수정

| 해설 |
앞부분에서는 도파민의 기능을, 뒷부분에서는 지나친 도파민 분비의 부작용을 설명하고 있다. 따라서 '도파민의 기능과 부작용'이 이 글의 중심 내용으로 적절하다.

| 오답 풀이 |
① 도파민이 일으키는 심리를 통해 그것의 기능과 부작용을 이야기한 것이다.
③ 도파민 중독의 위험성이 제시되어 있지만 전체 내용을 포괄하지는 못한다.
④ 도파민의 역기능을 언급하고 있지만, 도파민이 분비되는 상황을 설명하고 있을 뿐 도파민이 분비되는 과정은 이 글에 나타나지 않는다.

12 답 ①

| 해설 |
덮인(○)/덮힌(×): '덮다'의 피동사는 '덮이다'이다. '덮히다(×)'는 비표준어이다.

| 오답 풀이 |
② 믿겨지지(×) → 믿어지지(○)/믿기지(○): '믿겨지지'는 '믿 + 기 + 어지지'와 같이 피동 접사 '-기-'와 통사적 피동문의 표현인 '-어지다'를 중복하여 사용한 이중 피동의 오류를 보이는 표현이다.
③ 소개시켜(×) → 소개해(○): '-시키다'를 '-하다'로 바꾸어도 의미의 변화가 없으면 과도한 사동 표현으로 본다.
④ 헤매이고(×) → 헤매고(○): 의미상 불필요한 경우에 사동·피동형을 써서는 안 된다. '헤매다'가 바른 표기이다.

13 답 ①

| 해설 |
'길다 - 짧다'는 정도의 차이를 표현하는 등급 반의어로, 각각의 의미 영역이 상호 배타적이 아니라 양 극단 사이의 중간적인 속성이 존재한다. 등급 반의어의 경우, 한 단어의 의미는 다른 쪽 단어의 부정을 함의하지만, 한 단어의 부정은 다른 쪽 단어의 의미를 함의하지는 않는다. 따라서 '머리카락이 길다'는 '머리카락이 짧지 않다'라는 것을 함의하지만 '머리카락이 짧지 않다'라는 것이 꼭 '머리카락이 길다'라는 것을 함의하지는 않는다. 머리카락이 짧지 않다는 것은 머리카락이 길지도 않고 짧지도 않은 것을 의미할 수 있기 때문이다.

| 오답 풀이 |
② '넓다 - 좁다'는 정도의 차이를 표현하는 등급 반의어이다. 양 극단 사이의 중간적인 속성이 존재하므로 두 단어를 동시에 부정해도 모순되지 않는다.
③ '살다 - 죽다'는 각각의 의미 영역이 상호 배타적인 상보 반의어이다. 두 단어를 동시에 긍정하거나 부정하면 모순이 발생한다.
④ '빠르다 - 느리다'는 정도의 차이를 표현하는 등급 반의어이다. '매우'라는 정도 부사의 수식이 가능하므로 상보 반의어의 예로 적절하지 않다.

14 답 ④

| 출전 |
전지현, 〈AI에게 '학습'당하지 않을 권리〉, 《매일경제》(2024. 1. 11.), 수정

| 해설 |
'좌시(坐視: 앉을 좌, 볼 시)하다'는 '참견하지 아니하고 앉아서 보기만 하다'의 의미이므로 '그대로 좇아서 시행하지'의 의미로 풀이하는 것은 적절하지 않다.

| 오답 풀이 |
① 폄하(貶下: 떨어뜨릴 폄, 아래 하)하다: 가치를 깎아내리다.
② 계류[繫留: 맬 계, 머무를 류(유)]: 일정한 곳을 벗어나지 못하도록 밧줄 같은 것으로 붙잡아 매어 놓음. / 어떤 사건이 해결되지 않고 걸려 있음.
③ 면죄부(免罪符: 면할 면, 허물 죄, 부신 부): 중세에 로마 가톨릭교회가 금전이나 재물을 바친 사람에게 그 죄를 면한다는 뜻으로 발행하던 증서 / 책임이나 죄를 없애 주는 조치나 일을 비유적으로 이르는 말

15 답 ②

| 해설 |
〈규정기(葵亭記)〉는 조위가 유배지에서 정자 이름을 '규정(해바라기 정자)'이라 지은 이유를 손님과의 대화 형식으로 설명한 고전 수필이다. 조위의 〈만분가(萬憤歌)〉는 무오사화로 유배된 작가가 자신의 억울함을 선왕에게 하소연하는 내용을 담은 가사로, 유배 가사의 효시로 불린다.
제시문에서 '나'는 귀양살이에서 자고 먹고 하는 것이 모두 ㉠ '임금님의 은혜'이며, 그렇기 때문에 ㉡ '해를 향하는 마음', 즉 임금에 대한 충성심으로 정자 이름을 '해바라기'로 지었다고 말하고 있다. 이러한 ㉠, ㉡의 의미를 고려할 때 ㉠은 '양춘'과, ㉡은 '매화'와 의미가 가장 유사하다. '양춘을 언제 볼고 눈비를 혼자 마자'에서 화자는 유배지에서 '양춘(봄 햇볕)'을 그리워하고 있으므로, '양춘'은 임금님의 은혜를 의미한다. '매화'는 화자가 임에게 보내고자 하는 것으로, 임금에 대한 충성심을 의미한다.

| 오답 풀이 |
① '풍파'는 조위가 귀양을 가게 된 원인으로, 무오사화를 의미한다. '눈비'는 화자가 귀양지에서 겪은 온갖 고난을 의미한다.
③ '옥량명월'은 '옥으로 된 대들보에 걸린 밝은 달'이라는 뜻으로, ㉠과 유사한 의미를 가진다고 볼 수 있다.
④ '만리붕정'은 '붕새가 날아갈 수 있을 정도로 아주 멀고도 험한 길'이라는 뜻으로, 유배지에서 임금에게 가는 것이 험난함을 의미한다.

16 답 ②

| 해설 |
㉠ **겸연쩍은지**(○)/**멋쩍은**(○): '-적다/-쩍다'가 혼동될 수 있는 단어인 경우, '적다[少]'의 뜻이 없이 [쩍따]로 발음되는 경우는 '쩍다'로 적는다.
㉢ • **두리뭉실하게**(○): '특별히 모나거나 튀지 않고 둥그스름하다 / 말이나 태도 따위가 확실하거나 분명하지 아니하다'의 의미인 '두리뭉실하다'는 '두루뭉술하다'와 별도의 표준어로 인정되었다.
• **어떻든**(○): 의견이나 일의 성질, 형편, 상태 따위가 어떻게 되어 있든. =아무튼 / '어떠하든'이 줄어든 말
㉤ • **며칠**(○): '며칠'은 '몇 일(×)'이라고 쓰는 경우가 많지만 이렇게 표기할 경우 '몇 월'이 [며뒬]로 소리 나는 것처럼 [며딜]로 소리가 나야 한다. 그러나 실제 발음은 [며칠]이므로, '몇'과 '일'의 결합으로 보지 않고 소리 나는 대로 '며칠'로 적는다.
• **장맛비**(○): '장맛비[장마삐/장만삐]'는 순우리말로 된 합성어로서 사잇소리가 나는 단어이므로 사이시옷을 받쳐 적는다.

| 오답 풀이 |
㉡ • **뒷굼치**(×) → **뒤꿈치**(○): 접미사 '-꿈치/-굼치'는 '-꿈치'로 통일하여 적는다.
• **해진**(○): '해지다'는 '닳아서 떨어지다'의 의미인 '해어지다'의 준말이다.
㉣ • **어떡해**(×) → **어떻게**(○): '어떡해'는 '어떻게 해'가 줄어든 말로 문장에서 서술어로 쓰인다. 이 문장에서는 '어떻다'에 부사형 전성 어미 '-게'가 결합한 형태인 '어떻게'를 써야 한다.
• **합격율**(×) → **합격률**(○): 한자음 '률(率)'이 단어의 첫머리 이외에 올 경우에는 두음 법칙이 적용되지 않으므로 본음대로

적는다. 모음이나 'ㄴ' 받침 뒤에 이어지는 경우에만 '율'로 적는다.

17 답 ④

| 출전 |
김준혁, 〈진정한 재난 애도는 죽은 이에게 말을 건네는 것〉, 《한겨레》(2023. 8. 25.)

| 해설 |
마지막 문단에 따르면, 데리다의 애도는 상대방의 부재를 인정하는 한편 그가 여전히 나와 함께 하고 있다고 주장하는 하나의 태도이다. 따라서 데리다의 애도가 사랑하는 사람이 실제로 죽었다는 것을 부정하는 것은 아니다.

| 오답 풀이 |
① 1문단의, 프로이트는 애도를 성공적으로 마쳐야 하는 과업으로 보았다는 내용에서 알 수 있다.
② 1문단의, 프로이트가 애도 작업에 실패한 사람은 자기 비난과 우울증에 빠진다고 했다는 내용에서 알 수 있다.
③ 2문단 전체의 내용에서 알 수 있다.

18 답 ③

| 해설 |
2문단에 따르면, 데리다가 보기에 프로이트의 애도 작업 끝에 남는 건 사랑하는 사람을 내면화한 자신이다. 결국 애도 작업을 무사히 마치고 나면 '사랑하는 사람을 나로부터 지워 버린' 결과가 남는 것이다. 따라서 빈칸에는 '애도 작업은 성공함으로써 실패한다'가 들어가는 것이 적절하다.

| 오답 풀이 |
② 데리다의 입장과 배치되는 내용이다. 마지막 문단에 따르면, 데리다는 사랑하는 사람을 계속 마음에 남겨 두려 하고, 따라서 애도는 끝나지 않는다.

19 답 ③

| 해설 |
이성부의 〈산길에서〉는 산길을 오르는 체험을 통해 수많은 민중의 노력으로 만들어 낸 (삶의) 길의 의미를 성찰한 시이다.
화자는 자신이 길을 걷는다는 것은 과거의 누군가('그이들')가 만들어 놓은 길을 따르는 것임을 인식하고 과거 수많은 민중의 부질없어 보이는 노력이 쌓여 이루어 낸 것이 현재의 역사임을 깨닫고 있다. 그래서 화자는 산길을 오르며 가슴 벅참을 느끼고 집, 서울을 떠나 산길을 걷는 일에 신명 나 하는 것이다. 따라서 화자에게 '길'은 집, '그이들'의 삶의 자취를 느끼게 해 주므로 만족감을 주는 대상이다. 하지만 화자가 '길'에서 불안감을 느낀다는 내용은 나오지 않는다.

| 오답 풀이 |
① "이 길을 만든 이들이 누구인지를 나는 안다", "내 가슴 벅차게 하는 까닭을 나는 안다", "왜 내가 지금 주저앉아서는 안 되는지를 나는 안다"에서 화자는 자신이 걷는 길이 자신보다 앞서 살아간 '그이들(과거의 민중들)'이 힘겨운 삶 속에서도 포기하지 않고 만들어 낸 삶의 길임을 깨닫고 가슴 벅차하고 있으며 자신 역시 힘들고 어려워도 주저앉지 않고 이 길을 걸어가겠다고 다짐하고 있다. 따라서 '나는 안다'의 반복은 '그이들'의 삶이 화자에게 주는 가치와 깨달음의 의미를 강조하는 역할을 한다.
② '이렇게 길을 따라 나를 걷게 하는 그이들이 ~ 내 가슴 벅차게 하는'에 따르면 화자에게 '그이들'은 '바람'이나 '풀꽃'의 모습으로 다가온다. 따라서 '바람', '풀꽃'은 화자에게 깨달음을 주는 대상인 '그이들'을 떠올리게 한다.
④ "힘을 다하여 비칠거리는 발걸음들도 / 무엇 하나씩 저마다 다져 놓고 사라진다는 것을"에서 힘겹지만 끝내 무엇 하나씩은 이루어 놓는 '그이들'의 삶의 자취를 화자가 느끼고 있음을 알 수 있다. 또 "그것이 부질없는 되풀이라 하더라도 / 그 부질없음 쌓이고 쌓여져서 마침내 길을 만들고"에서 부질없어 보이더라도 포기하지 않는 '그이들'의 수많은 노력이 쌓여 마침내 역사를 이룬다는 사실을 화자가 깨닫고 있음을 알 수 있다.

20 답 ③

| 출전 |
이어령, 《디지로그》

| 해설 |
1문단에서 롤랑 바르트의 비유를 인용하여 동양 사람과 서양 사람의 식사법의 차이를 드러내고 있다. 그러나 그의 이론을 제시한 것은 아니며, 이를 주장의 근거로 활용했다고 볼 수도 없다.

| 오답 풀이 |
① 포크와 나이프를 고양이의 발톱에, 젓가락을 새의 부리에 빗대어 두 대상의 차이를 드러내고 있다.
② 식사법으로 동서양의 문화 차이가 생긴 원인과 우리가 젓가락을 쓰게 된 원인을 분석하고 있다.
④ 2문단에서 묻고 답하는 방식으로 '젓가락을 낳게 한 정신'을 강조하고 있다.